Lotte Jacobi
*Rußland 1932/33*

Das Foto-Taschenbuch 14

Lotte Jacobi

# *Rußland 1932/33*

Moskau, Tadschikistan, Usbekistan

Herausgegeben von
Marion Beckers und Elisabeth Moortgat

Das Foto-Taschenbuch 14 · Nishen

*Editorische Notiz*

Die vorliegenden Drucke wurden nach eigens für diesen Band hergestellten Abzügen von Original-Negativen aus dem Lotte Jacobi-Negativ-Archiv der Universität New Hampshire, Durham, USA angefertigt. Lotte Jacobi hat auf der Reise durch die Sowjetunion hauptsächlich mit der Leica fotografiert; einige Aufnahmen sind mit der Ermanox 9 x 12 gemacht. Die Fotografien sind unbeschnitten oder in dem von der Fotografin gewählten Ausschnitt wiedergegeben, in welchen Fällen die Bildlegende ein * aufweist.
Den Abdruck der E.E.Kisch-Texte gestattete uns freundlicherweise der Aufbau-Verlag, DDR-Berlin; die Texte wurden entnommen: Egon Erwin Kisch, Gesammelte Werke in Einzelausgaben, Bd. III. Hrsg. von Bodo Uhse und Gisela Kisch, Aufbau Verlag, Berlin/Weimar 1980.
Die russischen Namen sind in deutscher Umschrift wiedergegeben. Die russischen Schriftzüge in den Fotos hat Wolf Kühnelt übersetzt, die tadschikischen Prof. Dr. Bert Fragner, Institut für Iranistik, Berlin.

Gerne schicken wir Ihnen weitere Informationen über *Das Foto-Taschenbuch* sowie die anderen im Verlag erschienenen Titel, von denen Sie eine Auswahl auf den letzten Seiten dieses Buches finden. Bitte schreiben Sie eine Postkarte an folgende Adresse:


Gesetzt aus der Walbaum von ComPress, Berlin
Die Lithos fertigte O.R.T. Kirchner + Graser, Berlin
Gedruckt von H. Heenemann, Berlin
Gebunden bei Lüderitz & Bauer, Berlin
Allen Beteiligten dankt der Verlag

ISBN 3 88940 614 9

# Inhalt


Marion Beckers, Elisabeth Moortgat
*Sie waren in Rußland?* . . . . . . . . . . . . 9

Moskau. . . . . . . . . . . . . . . . . . . . 27

Mitschurinsk . . . . . . . . . . . . . . . . 37

Egon Erwin Kisch
*Eine Hauptstadt entsteht: Stalinabad* . . . . . 41

Stalinabad . . . . . . . . . . . . . . . . . 49

Egon Erwin Kisch
*Zweifarbendruck von Taschkent* . . . . . . . . 73

Stalinabad, Samarkand, Chodschent . . . . . 75

Egon Erwin Kisch
*Rings um das Grab von Tamerlan* . . . . . . . 81

Buchara, Samarkand . . . . . . . . . . . . . 86

Egon Erwin Kisch
*Im Zug nach Samarkand* . . . . . . . . . . 101

Zentralasien, Chodschent . . . . . . . . . . 106

Landkarte zur Reiseroute der Fotografin . . . 121

Biographie Lotte Jacobi . . . . . . . . . . . 122

Anmerkungen zu den Texten von E. E.Kisch . . 125

Lotte Jacobi, fotografiert von ihrer Schwester Ruth Jacobi, Berlin, ca. 1935

Porträtfotografin, Künstlerkollegin und engagierte Zeitgenossin zugleich zu sein, fordert Lotte Jacobi zu einer vielfältig schöpferischen, ambitioniert politischen Lebensweise heraus. Stets voller neuer Ideen, die sie auch in widrigen Zeiten mit unglaublichem Beharrungsvermögen durchzusetzen verstand, ist ihr das Porträtieren allein nie genug. Im Kreise von Freunden und Künstlerkollegen schätzt sie die Anregungen und den Austausch eines geselligen Lebens, war ihr Studio – in den USA – immer auch Ort der Begegnung mit Künstlern, denen sie mit Ausstellungen die Gelegenheit gab, ihre neuen Arbeiten vorzustellen und sich bekannt zu machen. Begierig auf neue Entdeckungen und Erkenntnisse besuchte sie noch in fortgeschrittenem Alter wieder die Universität, wo sie scheinbar so gegensätzlichen Interessen nachging wie der Kunstgeschichte und – inzwischen auf dem Lande lebend – den praktischen Kenntnissen vom Gartenbau und der Bienenzucht. Aus der engen Naturverbundenheit an ihrem neuen Wohnsitz im neuenglischen New Hampshire, aus der unmittelbaren Betroffenheit umweltpolitischer Entscheidungen, gewinnt die politische Arbeit in der demokratischen Partei eine ebensolche Bedeutung wie die Fotografie.
Ihre Reise in die Sowjetunion in den frühen dreißiger Jahren, für eine Porträtfotografin der Zeit nur mit eigenwilliger Energie durchzusetzen, ist Zeichen ihrer damaligen politischen Position. Aus Intuition gegen jede Unmenschlichkeit rebellierend, wird ihr in diesen Jahren die Parteinahme für eine linke Politik, für die Ziele der Kommunistischen Partei zur Selbstverständlichkeit und der Wunsch, das nachrevolutionäre Rußland mit eigenen Augen kennenzulernen, immer dringender.
Die Spuren aber dieses abenteuerlichen Unternehmens sind – bis auf die Fotografien selbst – ganz verwischt. Auch aus ihrer Erinnerung hat uns Lotte Jacobi nichts mehr über dieses Erlebnis erzählen können.
Sind es die Jahre der Verfolgung und Jahrzehnte bleibender Angst, die das Vergessen zu verantworten haben? Als Lotte Jacobi im Februar 1933 aus der Sowjetunion nach Berlin zurückkehrt, hätte ihr, als einer der Kommunistischen Partei nahestehenden Jüdin, allein ihre Freundschaft mit dem Kommunisten und Revolutionär Max Hoelz lebensbedrohlich werden können, muß sie schon der Reise wegen als Sympathisantin des Bolschewismus angesehen worden sein. Es gelingt ihr noch rechtzeitig, zwei Jahre später, sich in die Emigration nach New York zu retten, aber schon bald, während der Kommunistenverfolgungen in den USA unter McCarthy, ist ihre politische Gesinnung wiederum nicht genehm.
Welche Bedeutung sie selbst ihren Reisefotografien aus der Sowjetunion beimißt, verrät allein die Tatsache, daß diese Arbeiten zu dem wenigen gehören, was sie aus Berlin nach New York mitnimmt. Aber bis heute hatte sie keine Gelegenheit, diese seltenen Zeugnisse aus den damals noch vollends unbekannten orientalischen Sowjetrepubliken Usbekistan und Tadschikistan öffentlich zu zeigen.
Die Auswahl der Fotografien unterlag vorran-

gig technischen Kriterien, dem Zustand der Negative, die nicht alle die lange Zeit unbeschadet überstanden haben und von denen einige schon bei der Entwicklung oder auch durch Verletzungen des Films in der Kamera stark gelitten haben. Mit Gary Samson, dem Direktor des Lotte Jacobi Negativ-Archivs in Durham an der Universität von New Hampshire, USA, hatten wir das Glück, die langwierige und komplizierte Aufgabe von Neuabzügen in den Händen eines Fotografen und Liebhabers der Arbeiten von Lotte Jacobi zu wissen.
Lotte Jacobis Fotografien aus der Sowjetunion und Egon Erwin Kischs Reportagen »Asien gründlich verändert«, von denen wir hier einige zusammengestellt haben, sind nicht nur die Äußerungen befreundeter Zeitgenossen zu ein und demselben Thema, Kischs Texte lesen sich streckenweise wie ausführliche Erzählungen zu den fotografischen Ansichten. Keine retrospektive historische Betrachtung dieser Zeit und Region könnte eine auch nur vergleichbar anschauliche und lebendige Einführung in die fotografische Bildwelt geben.
Im einleitenden Essay haben wir, ausgehend von der Frage, wie es zu Lotte Jacobis Reise in die Sowjetunion gekommen ist, ihrer Lebensgeschichte nachgespürt und sie zu ergänzen versucht, wo bislang nur knappe und verstreute Angaben zu finden waren: den frühen dreißiger Jahren, in denen sich an ihren persönlichen Verbindungen und Tätigkeiten, wie der für die Moskauer Fotoagentur 'Press Clichee' in Berlin, ein langjähriges Interesse und eine gezielte Auseinandersetzung mit den politischen Ereignissen in der Sowjetunion abzeichnen.
Ein gut Teil unserer Vorstellungen von der Atmosphäre im Atelier Jacobi in der Berliner Zeit verdanken wir der damaligen Assistentin Elisabeth Röttgers, die sich in langen Gesprächen immer wieder gerne an ihre außergewöhnlichen Jahre bei Lotte Jacobi erinnert hat. Bei den Nachforschungen in Amerika hat Beatrice Trum Hunter, Lotte Jacobis Schwiegertochter und jahrzehntelange Freundin unsere Arbeit großzügig unterstützt.
Unser Dank gilt Lotte Jacobi, die uns in ihrem Studio in Deering, New Hampshire, an ihr Werk herangeführt und uns so gastfreundlich aufgenommen hat, daß wir gemeinsam Zeit und Muße fanden, erste Überlegungen zu einer Veröffentlichung ihrer Fotografien aus der Sowjetunion anzustellen.

(M.B. – E.M.)

# Sie waren in Rußland?

»Was ist nun eigentlich da los? – Stalin ist doch bestimmt ermordet – gewiß, ich habe absolut zuverlässige Informationen. Sie können sich darauf verlassen. – Was, nichts gemerkt von den Unruhen? Sonderbar. Aber Unruhen sind überall – Die Hungersnot muß doch entsetzlich sein, schlimmer als bei uns 1918 ... Haben Sie sich auch für die früheren Großfürsten interessiert und für die 'Bürgerlichen', die heute in Scharen auf den Straßen stehen und betteln? Na, die konnten Ihnen wohl etwas anderes über das Gelobte Land erzählen, als die rote Presse ... Sie, das mit der Liebe, ist das so, wie man erzählt – jedes Weib muß einfach, ob sie will oder nicht – Staatsgesetz, hä? – Na, das muß doch wahr sein, daß der Schmutz unvorstellbar ist, auf den Straßen, an den Häusern, in den Häusern, an den Menschen – bitte, ja oder nein, geben Sie mir doch eine ganz klare Antwort. – Bis zum Oktober 1917 standen 1600 Kirchen in Moskau – haben Sie noch eine davon gesehen? Noch eine einzige? – ... Gegen die Gefängnisse muß das französische Bagno[1] ein Vergnügen sein – überfüllt, die furchtbarsten Mißhandlungen, Akkordschufterei, kein Licht, keine Heizung in den Zellen. Mir hat's einer erzählt, den haben sie einige Monate eingesperrt, bloß weil er sich auf der Straße mit jemandem über Trotzki unterhielt, und der muß es doch wissen. – Glauben Sie denn an die Erfüllung des Fünfjahresplans? Da glaubt doch selbst kein Russe mehr dran, sonst würde man ihn doch nicht alle paar Monate umwerfen!«[2]

Diese und ähnlich besserwisserische Fragen prasselten auf den Journalisten Hanns Weinberg nieder, noch bevor er – 1931 von einer Moskaureise nach Deutschland zurückgekehrt – seine Ansicht von Lüge und Wahrheit über die Sowjetunion in einer mehrteiligen Zeitungsserie[3] an die Öffentlichkeit bringen konnte. Die aus Angst geschürte Verteufelung des Bolschewismus der einen war ebenso groß und verbreitet wie die Sehnsucht der anderen, vorwiegend Intellektuellen, die sich blind der Idee vom »neuen Menschen« verschrieben hatten. »Die Wahrheit ist, daß ich nicht in die Sowjetunion reiste, um die Diktatur des Proletariats zu studieren, sondern um mich an ihr zu berauschen«, bekennt Bruno Frei in seinen Jahrzehnte später veröffentlichten Erinnerungen[4]. Nur ein derart rauschhafter Zustand vermag so viele zu Heroisierung und öffentlicher Selbstverleugnung getrieben haben. Zwischen den extremen Positionen aber gab es auch ein breites Spektrum sehr privater Haltungen und Einschätzungen. Der revolutionäre Umbruch der russischen Gesellschaft, die Faszination des Experiments in den Bereichen der Kultur und der Glaube an die Entfesselung neuer, noch unverbrauchter Kräfte, führte die vielen – meist eingeladenen – Schriftsteller/innen, Journalisten/innen[5], Politiker/innen und Wissenschaftler/innen in dem einen Wunsch zusammen, die Sowjetunion mit eigenen Augen zu erleben. Böse Zungen bezeichneten diese Reisewelle gen Osten in den zwanziger und frühen dreißiger Jahren gern als 'Revolutionstourismus'.

Ein völlig anderes Bild ergibt sich für die Fotografen und Fotografinnen, von denen sich aus dem In- und Ausland kaum eine Handvoll aufzählen läßt[6], die in die Sowjetunion gereist sind. Zwar gab es zwischen den russischen Arbeiterkorrespondenten und den deutschen Arbeiterfotografen Kontakte, die auch zu gegenseitigen Besuchen geführt haben[7], unter den Fotografen aber waren Lotte Jacobi und ihre amerikanische Kollegin, die Industriefotografin Margaret Bourke-White, Anfang der dreißiger Jahre wohl die beiden einzigen, die die Sowjetunion um eine Erlaubnis zum Fotografieren ersucht haben; in Zentralasien war Lotte Jacobi gar die erste, die ihre Eindrücke in Fotografien festhalten konnte. Dieser Tatbestand wirft Fragen auf, denen die fotohistorische Literatur bislang noch unzureichend Rechnung trägt: War die Sowjetunion gegenüber Fotografen/innen mit Einladungen und Arbeitsgenehmigungen zurückhaltender als Literaten/innen gegenüber? Hatten die Verantwortlichen, vertreten durch die zentral organisierten Bildagenturen, Angst vor einem ungeschminkten Bild der wirklichen Verhältnisse, vor einer Irritation ihrer visuellen Propaganda? Waren die bürgerlichen Fotografen/innen – wegen der zunehmenden Bedeutung des technischen Aspektes ihres Mediums unter den Avantgardisten – mehr jenen zuzurechnen, die sich in diesen Jahren nicht für den revolutionären 'neuen Menschen', sondern für die 'neue Welt', das Land mit der fortgeschrittensten Industrialisierung, für Amerika interessierten?[8] In jedem Fall kommt Lotte Jacobi durch ihr Interesse am nachrevolutionären Rußland unter ihren Kollegen/innen eine besondere Rolle zu.

## *Berlin*

Das Porträtatelier Jacobi, seit 1921 als Familienunternehmen in der Joachimstaler Straße 5 im Berliner Westen geführt, trug in den letzten Jahren der Weimarer Republik immer deutlicher den Stempel: Lotte Jacobi. Sigismund Jacobi, ihr Vater, hatte sie 1927 zur Unterstützung aus München nach Berlin zurückgerufen, gerade als sie ihre Ausbildung an der 'Bayerischen Staatslehranstalt für Lichtbildwesen' abgeschlossen hatte. Mit ihrem Eintritt ins väterliche Atelier, ein klassisches Porträtatelier für jedermann, nahm die Arbeit, das tägliche Einerlei aus Passfotos für die Laufkundschaft, den immer gleichen Soldatenfotos und den Jubiläumsaufnahmen fürs Familienalbum eine andere Richtung. Lotte Jacobi wartete nicht auf Kundschaft, sie ging selbst auf die ihr interessanten Menschen zu. Sie porträtierte Schriftsteller/innen, Künstler/innen, Politiker/innen, mit Vorliebe Schauspieler und Schauspielerinnen während der Aufführung, bei der Probe oder in der Garderobe, wo sie sich gegen eine ganz erhebliche Konkurrenz durchzuboxen hatte. Im Atelier konnte man nun Karl Kraus oder Käthe Kollwitz, Erich und Zenzi Mühsam, Heinrich Mann oder Kurt Tucholsky antreffen; mit viel Überzeugungsgabe gelang es ihr auch, Menschen wie Karl Valentin oder Peter Lorre, die sich nur selten der Kamera stellten, zu Fototerminen zu überreden. Es waren die Jahre ihrer 'großen Porträts' – Lotte Lenya, Lil Dagover, Kurt Weill, Erwin Piscator, Emil Jannings, Carl Zuckmayer und viele mehr –, die inzwischen das öffentliche Bild dieser Menschen mitgeprägt haben. Mehr noch als vom Theater war sie vom 'neuen Tanz', dem Ausdruckstanz, fasziniert, der körperbetonten Bewegungskunst einer Mary Wigman und Claire Bauroff, eines Jean Weidt und Harald Kreutzberg oder auch den expressionistisch-grotesken Darbietungen einer Valeska Gert. Bei dieser Arbeit außerhalb des Ateliers in Innenräumen mit schlechten Lichtverhältnissen, beim Festhalten bewegter Augenblicke eines Tanzes im Bruchteil einer Sekunde, arbeitete Lotte Jacobi mit der nur in zehn Exemplaren existierenden 9 x 12 Ermanox, der Kamera mit dem seinerzeit lichtstärksten Objektiv von 1:1,8.

Wenig Sinn hatte Lotte Jacobi für alles Geschäftlich-Kommerzielle. Dafür waren die Mutter, Maria Jacobi, verantwortlich, die mit immer neuen Werbeideen die Kunden zu animieren verstand, und in den Jahren zwischen 1929 und 1932 auch die Fotografin Elisabeth

Egon Erwin Kisch, Berlin 1930

Röttgers, die Lotte Jacobi bei ihren Außenterminen assistierte, den Vertrieb organisierte und die Kontakte mit den Verlagen hielt. Das Ergebnis war eine regelmäßige Belieferung der Ullstein-Illustrierten: der 'Berliner Illustrirten', des Satireblattes 'Uhu', der Modezeitschrift 'Die Dame', hin und wieder auch des Intellektuellenmagazins 'Der Querschnitt'; das aktuelle Radioprogramm der 'Funkwoche' war regelmäßig mit Porträts aus dem Atelier Jacobi illustriert.

Die Atmosphäre des Ateliers hat Elisabeth Röttgers einmal als 'himmlische Bohème' beschrieben und damit das Milieu der Kunden und Bekannten, der Künstlerfreunde, die im Hause aus- und eingingen, mit denen man im 'Romanischen Café' und abends in der 'Lunte' zusammensaß, charakterisiert.[9]

Das Interesse an den Künsten vereinbarte Lotte Jacobi damals – und bis heute – mit politischem Engagement, und die Jahre zunehmender Restauration forderten sie zu jener politischen Haltung heraus, die sie dem Lager der linken Intellektuellen nahebrachte. Auch auf die Gefahr einer Konfrontation im Hause ihrer liberal-jüdischen, konservativ eingestellten Eltern war sie nicht bereit, bestimmte Kontakte aufzugeben. So befürchtete beispielsweise ihre Mutter eine Geschäftsschädigung, wenn publik würde, daß John Heartfield in seinen antikapitalistischen Fotomontagen Genremotive von Lotte Jacobi verwendete.

Durch den langjährigen Kontakt der Familie Jacobi mit Albert Einstein und durch Lotte Jacobis Verbindung mit politisch so engagierten Freunden wie Egon Erwin Kisch und Max Hoelz kam sie mit Menschen zusammen, die die Entwicklung der revolutionären Verhältnisse in der Sowjetunion mit Eifer verfolgten und in dem gesellschaftlichen Umbruch einen Hoffnungsschimmer für die ganze Menschheit sahen: Ernst Toller, Paul Loebe, Adolf Behne, Otto Klemperer, Max Pechstein, Graf Arco und Eduard Fuchs, die als Mitarbeiter und Mitglieder der 'Gesellschaft der Freunde des neuen Rußland' in bürgerlich intellektuellen Kreisen für »kulturelle Annäherung und Verständigung Deutschlands und der Sowjetunion durch Vorträge und Studienreisen, wissenschaftliche Veranstaltungen, Ausstellungen, musikalische Abende« warben,[10] hat Jacobi porträtiert. Und manchmal übernahm sie Fotoaufträge für das zwischen 1923 und 1932 vierteljährlich erscheinende Publikationsorgan der Gesellschaft 'Das neue Rußland'.[11] Die Zeitschrift versammelt neben Nachrichten und Annoncen Reiseberichte und Stellungnahmen von Autoren wie Alfred Döblin, Egon Erwin Kisch, Anna Seghers, Bruno Taut, Ernst May und Berta Lask zur wirtschaftlichen Situation der Sowjetunion, zur Lage des Massen-

Atelierporträt Max Hoelz, Berlin, Januar 1929

wohnungsbaus, zur Kulturarbeit und zur Nationalitätenproblematik, aber auch kritische Beiträge mit besorgtem Blick auf die Entwicklung in der UdSSR unter dem Fünfjahresplan. Einige der Autoren/innen und Mitarbeiter/innen, wie beispielsweise Paul Loebe, haben in den Jahren Stalinscher Restriktionspolitik ihre Mitgliedschaft vorerst ruhen lassen.

Mehr als Lotte Jacobis Zugehörigkeit zum Kreis um die 'Freunde des neuen Rußland' verrät ihre aktive Unterstützung bei der Verbreitung russischen Fotomaterials über ihre wachsende Anteilnahme an den sowjetischen Verhältnissen. Ungefähr ein Jahr lang, bis zum Frühjahr 1931 hat sie – wohl auch aus finanziellen Erwägungen – für den Vertrieb der Fotoagentur 'Press Clichee Moskau' mit Sitz der Generalvertretung in der Alten Jakobstraße 128 im Berliner Zeitungsviertel gearbeitet. 1926 hatte die sowjetische Nachrichtenagentur TASS ihren Korrespondenten, den ungarischen Kartografen Sándor Radó mit der Gründung der ersten und bis 1930 einzigen russischen Bildagentur in Berlin beauftragt.[12] Als Propagandainstitution nahm 'Press Chlichee' auch die Gelegenheit wahr, ihre Fotografien auf internationalen Ausstellungen zu präsentieren: Auf der Wanderausstellung 'Film und Foto' 1929 waren Fotografien der Agentur neben namentlich gekennzeichneten russischen Fotografien vertreten, die El Lissitzky im Auftrag der 'Gesellschaft für kulturelle Verbindung der Sowjetunion mit dem Ausland' (VOKS) ausgewählt hatte. Auf der Ausstellung 'Das Lichtbild' in München 1930 zeichneten im Zuge einer zentralisierten sowjetischen Fotoarbeit nur noch die beiden Institute 'Press Clichee Moskau' und 'VOKS' unter der Rubrik 'Russische Reportage-Fotos' verantwortlich. Bislang ungeklärt bleiben Einzelheiten über die Arbeit der Agentur, so auch, in welchem Verhältnis 'Press Clichee' zu 'Unionbild'[13], der 1930 in Berlin gegründeten Zweigstelle der zweiten großen Moskauer Bildagentur 'Sojusfoto', zu sehen ist. 'Unionbild' hat vor allem den 'Arbeiter-Fotografen' beliefert und die 'Arbeiter-Illustrierte-Zeitung' (A-I-Z), die seinerzeit auflagenstärkste Illustrierte in Münzenbergs 'Neuem Deutschen Verlag'. Die Bestände beider Agenturen wurden kurz nach der Machtergreifung 1933 beschlagnahmt und aufgelöst.

Von all den Menschen aus ihrem näheren Umkreis, die über die Sowjetunion aus eigener Anschauung erzählen konnten, ist Egon Erwin Kisch wohl besonderer Einfluß zuzuschreiben. Kisch hatte die Sowjetunion 1931 zum zweiten Mal bereist und seine Beobachtungen und Eindrücke in kritisch amüsanten, literarischen Reportagen öffentlich gemacht, die damals unter den Berichten aus der Sowjetunion die weiteste Verbreitung fanden.[14] Seine anschaulich lebensnahen Schilderungen ka-

men dem großen Bedürfnis nach Informationen über den gesellschaftlich revolutionären Fortgang entgegen und waren zugleich durch ihre Glaubwürdigkeit geeignet, die Verleumdungen gegen den Bolschewismus zu entkräften. Eine Fülle von Tatsachen und Nachrichten aus allen Lebensbereichen verbindet er, der zwei Jahre zuvor auch die amerikanischen Verhältnisse kennengelernt hatte, mit seinen ganz persönlichen Einschätzungen zu einem kontrastreichen Panorama. Kischs Anliegen war nicht eine schönfärbende Erfolgsbilanz, vielmehr war ihm daran gelegen, den schwierigen widersprüchlichen Weg, den Wandel der neuen Gesellschaft im Prozeß deutlich zu machen. Die beiden Bände 'Zaren, Popen, Bolschewiken' und 'Asien gründlich verändert', 1927 und 1932 im Erich Reiss Verlag in Berlin erschienen,[15] gehörten ganz sicher zu Lotte Jacobis Lektüre, die sie vielleicht auf ihrer eigenen Reise sogar als besondere Reiseführer bei sich hatte.
Im Sommer 1930 wurde Lotte Jacobi mit der italienisch-mexikanischen Fotografin Tina Modotti bekannt, die sich für ein halbes Jahr in Berlin aufhielt. Die Kommunistin Modotti war infolge innerparteilicher Auseinandersetzungen aus Mexiko ausgewiesen worden[16] und vorerst nach Berlin gekommen, um sich nach Möglichkeiten zu politischer Arbeit und fotojournalistischer Tätigkeit umzusehen. Im Atelier Jacobi konnte sie die Dunkelkammer mitbenutzen, und im Herbst des Jahres arrangierte Lotte Jacobi in den eigenen Räumen eine Ausstellung für Modotti.[17] Wegen ihrer Fotografien aus dem proletarischen Alltag geschätzt, erhielt Tina Modotti den Presseausweis der Agentur 'Unionbild', der ihr die Legitimation gab, fotografische Aufträge in Berlin annehmen zu können.[18] Mehr und mehr aber verstärkte sich in ihr das Gefühl, die Fotografie zugunsten einer Arbeit in der Partei zurückzustellen. Noch im Oktober desselben Jahres reiste sie aus diesem Grunde weiter nach Moskau, wohin die Partei gerade den mit Lotte Jacobi befreundeten Max Hoelz vor der Verfolgung durch die Nationalsozialisten in Sicherheit gebracht hatte. Ihm gegenüber äußerte Jacobi des öfteren den Wunsch, endlich auch einmal in die Sowjetunion kommen zu können, besonders nachdem es ihr mit seiner Hilfe sogar gelungen war, für ihre Mutter im Frühjahr 1931 einen Erholungsurlaub in Moskau zu organisieren. Aus dem Briefwechsel mit Hoelz geht hervor,[19] daß Lotte Jacobi verstärkt für die Ziele der Kommunistischen Partei eingetreten ist, ohne allerdings je Mitglied geworden zu sein.

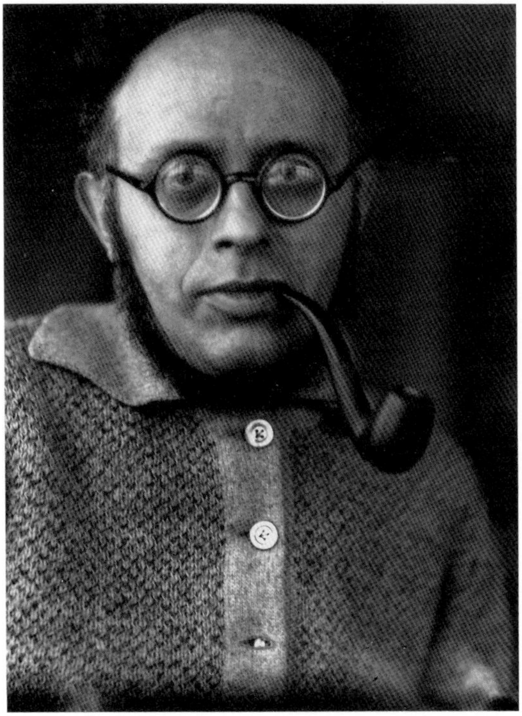

Karl Radek, seinerzeit Leitartikler der Iswestija, Moskau 1933

## *Eine Reise für ein Porträt*

Diese Nähe zur Partei erklärt vielleicht, warum gerade sie Anfang 1932 den Auftrag bekam, Ernst Thälmann, den Kandidaten der KPD, aus Anlaß der im März bevorstehenden Reichspräsidentenwahl zu porträtieren. Die Arbeiter-Illustrierte-Zeitung veröffentlichte auf dem Titelblatt ihrer Februar-Nummer ein Porträt aus der Serie: Ein Kopfporträt im Dreiviertelprofil, angelegt als Identifikationsbildnis für ein breites Wählerspektrum, zeigt es eher den Privatmann als den Politiker Thälmann, der, auf jede agitatorische Geste verzichtend, allein durch seine berühmte Mütze die Zugehörigkeit zur Arbeiterklasse signalisiert. Die für ein Wahlplakat ausgewählte Aufnahme variiert das A-I-Z-Porträt nur darin, daß sie Thälmann ohne Kopfbedeckung zeigt und damit den verbindlich-privaten Charakter noch unterstreicht.[20]

Die Thälmann-Porträt-Serie war es schließlich, die eine Reise in die Sowjetunion in greifbare Nähe rückte: Durch geschicktes Verhandeln gelang es Lotte Jacobi, die Kommunistische Partei für ihr Unternehmen zu gewinnen, ihr beim Besorgen einer Reisegenehmigung zu helfen.[21] Zu diesem Zeitpunkt konnte sie aber noch nicht ahnen, daß sich an die ausgehandelte Moskaufahrt noch eine monatelange, abenteuerliche Reise durch die orientalischen Sowjetrepubliken Usbekistan und Tadschikistan anschließen sollte.

Auf eigene Faust zu reisen, konnte wegen der organisatorisch aufwendigen Vorbereitungen, der Beschaffung des Visums, der Aufenthaltsbewilligung, der Einreiseerlaubnis für die jeweiligen Republiken und der bei der politischen Polizei (GPU) einzuholenden Passierscheine zur Besichtigung von Industrieanlagen beschwerlich und überaus zeitraubend sein. Davon jedenfalls weiß die Fotografin Margaret Bourke-White zu erzählen,[22] die vor ihrer ersten Reise 1930 mehr als sieben Monate auf das Einreisevisum warten mußte. Bei ihrem zweiten Besuch 1931 im Auftrag der New York Times allerdings reiste die Industriefotografin dann als persona grata, mit Freipass der KPdSU zu den vorher beantragten Industrieorten ihrer Wahl – häufig sogar mit gestelltem Wagen. Bourke-White's Industrieaufnahmen – die Verabsolutierung der Objekte und die Heraushebung ihrer ästhetischen Wirkung – kamen einer damals verbreiteten Hommage an die Technik gleich und waren geeignet, im Lande des Fünfjahrplans ein ungebrochenes Bild vom industriellen Aufbau zu propagieren.

Durch die im April 1929 in Moskau zur »Förderung und Hebung des ausländischen Touristen«[23] gegründete staatliche Reiseagentur 'Intourist', seit 1930 mit Zweigstelle in Berlin, war das Reisen in die Sowjetunion auch ohne besondere Genehmigung oder Einladung möglich geworden. Eingerichtet zu Propagandazwecken und zur Einnahme von Devisen, hatte 'Intourist' seine Angebote nach dem Einkommen der Kunden gestaffelt.[24] 39 Studien- und Urlaubsreisen waren 1931 im Angebot, darunter zum ersten Mal eine mehrwöchige Reise durch die mittelasiatischen Republiken Kasachstan, Usbekistan und Turkmenistan. 1932 warb eine Anzeige für eine Fahrt zur »Eröffnungsfeier des Dnjeprostroj am 1. Mai« einschließlich der Besichtigung der technischen Anlagen. Hier war im 15. Jahr der Revolution und zum Ende des ersten Fünfjahresplans das damals größte Kraftwerk Europas fertiggestellt worden, das neben den Stahlwerken in Magnitogorsk und der im Bau befindlichen Metro in Moskau zu den beispielgebenden Aufbau- und Industrieleistungen des Landes dieser Zeit gehörte.

Dieser gerade erst in Gang gekommene Massentourismus erfuhr durch die Verschärfung der antibolschewistischen Stimmung zu Beginn der dreißiger Jahre in Deutschland bald wieder einen Rückgang, und auch für Lotte Jacobi war es 1932 – von heute aus gesehen – die letzte Gelegenheit, ihre Reise in die Sowjetunion anzutreten. Wirtschaftlich war die Situation seit der internationalen Krise 1929

Ernst Thälmann, Titelblatt der A-I-Z Nr. 8, 1932, XI. Jg.

katastrophal – es gab allein in Deutschland sechs Millionen Arbeitslose –, und mit der explosiv in die Höhe schnellenden Stimmenzahl für die Nationalsozialisten, die sich im Oktober 1931 in der Harzburger Front mit der Hochfinanz verbündet hatten, zeichnete sich politisch bereits das Ende der Weimarer Republik ab. Existentielle Angst machte sich breit, aber immer noch waren viele geneigt – besonders nach dem Ergebnis der Reichstagswahl im November 1932, bei der die Nazis zwei von dreizehn Millionen Stimmen eingebüßt hatten –, an einen vorübergehenden Spuk zu glauben. Bereits im April 1931 schrieb Lotte Jacobi an Max Hoelz: »Bei uns ist jetzt alles nämlich furchtbar schlecht, es ist fast gar nichts zu tun und die großen Verpflichtungen laufen doch weiter«.[25] An der Auftragslage wird sich auch 1932 nichts zum Besseren geändert haben, und vermutlich hängt damit auch der Umzug des Ateliers Jacobi während ihrer Abwesenheit an den Kurfürstendamm 216 zusammen. Daß Lotte Jacobi überhaupt für eine so lange Zeit – es waren schließlich 6 Monate – abkömmlich war, lag nur daran, daß ihre Schwester, Ruth Jacobi, ebenfalls ausgebildete Fotografin, aus New York nach Berlin zurückgekommen war und die laufenden Arbeiten übernahm.

## *1932 – Im Jahr der Krise*

Das Jahr 1932 markiert für die Sowjetunion nicht nur den Übergang vom ersten zum zweiten Fünfjahresplan, es ist gleichzeitig trotz enormer Erfolge und Fortschritte bei der Industrialisierung gekennzeichnet durch eine folgenschwere Krise. Die Rigorosität in der Durchführung des Programms, vor allem im Zuge der Zwangskollektivierung, hatte den Widerstand der Bauern hervorgerufen. Die Vernachlässigung der Landwirtschaft und die Vernichtung von Ernten wurden von staatlicher Seite mit Brutalität und Terror beantwortet. Eine weit verbreitete Hungersnot verunsicherte die gesamte Bevölkerung, aber um erst gar keine Kritik an dem überspitzten Programm des Fünfjahresplans aufkommen zu lassen, ließ Stalin eine erste Reihe von Schauprozessen durchführen. Bereits 1928 hatte er seinen gefürchtetsten Gegner, Leo Trotzki, ausgeschaltet, indem er ihn in die Verbannung nach Alma Ata und ein Jahr später außer Landes verwiesen hatte. Selbst als Trotzki schon lange im Exil lebte, fühlte sich Stalin nicht sicher: Er ließ ihn 1940 in Mexiko ermorden. Unzählige sollten ihm noch in die Verbannung folgen, nur die wenigsten überlebten. Die sogenannte Säuberungsaktion gegen unliebsame Parteimitglieder der Rechts- und Linksopposition zu Beginn der dreißiger Jahre wie gegen Bucharin, Rykow, Tomski sowie Sinow-

jew und Kamenew war nur ein vorläufiger Höhepunkt. »Selbst wenn sie (die bolschewistische Herrschaft) es mit ihrem nächsten 'Fünfjahresplane' fertigbrächte, die ganze Menschheit zu beglücken, so würde ich dennoch Rechenschaft fordern für die Knochen, die sie in ihrer Glücksmaschine zermalmt hat«, schreibt der rumänische Dichter und Kommunist Panait Istrati bereits im Jahre 1930.[26]
1932 war auch das Jahr, in dem die von Lenin unterstützte Phase des Experimentierens in den Künsten zu Ende ging. Die Auflösung der LEF (Linke Front der Kunst), der Gruppe avantgardistischer Künstler, war 1928 nur der erste Schritt zur absoluten Zentralisierung aller künstlerischen Belange durch die Partei. 1932 wurde die RAPP, die russische Assoziation proletarischer Schriftsteller, aufgelöst, und mit dem neuen, von Stalin proklamierten Programm zum 'sozialistischen Realismus' kontrollierte die Partei die künstlerische Produktion, die von nun an 'national in der Form' und 'sozialistisch im Inhalt' zu sein hatte. Verordnetes Thema: Der sozialistische Aufbau.
Gleiches galt auch für die Fotografie, der als propagandistischem Medium seit Mitte der zwanziger Jahre im Sinne einer visuellen Alphabetisierung immer mehr Bedeutung beigemessen wurde. Fotografien fürs Familienalbum, vor allem aber fotografische Experimente, die dem Vorwurf unterlagen, westlich orientierte, privatistisch ästhetische Spielereien zu sein, hatten von nun an zu unterbleiben. Dem 1926 formulierten Appell Lunatscharskis, bis 1929 Volkskommissar für Bildungswesen, jeder fortschrittliche Genosse habe im Besitz einer Taschenuhr und einer Kamera zu sein, hatte man durch die Einrichtung von Arbeiterkorrespondentenzirkeln Rechnung getragen, die die Amateurfotografen förderten und beim internationalen Austausch ihrer Reportagen unterstützten. Einige von ihnen, wie beispielsweise die Berufsfotografen Max Alpert und Semjon Fridland, gründeten 1931 unter der Bezeichnung 'ROPF' die russische Gesellschaft proletarischer Fotoreporter. Mit ihren Gegenspielern, den Fotografen der seit 1928 bestehenden Gruppe 'Oktober' (Alexander Rodtschenko, Boris Ignatowitsch), die ihre fotografische Ausdrucksweise den revolutionären Inhalten anzupassen versuchten, lagen sie im Streit um den 'richtigen Weg'. Aber beide Vereinigungen wurden 1932 im Zuge staatlich zentralistischer Kulturpolitik aufgelöst, und ihre führenden Mitglieder hatten öffentlich Schuldbekenntnisse abzulegen, in denen sie sich selbst 'mangelnder politischer Wachsamkeit' – Hauptanklage aller politischen Prozesse – anklagten und künftigen Einsatz für eine 'schöpferisch-proletarische Fotografie' gelobten.

## *Orientalischer Zauber und sowjetische Sachlichkeit*

In dieser Phase der verschärften Stalinisierung in der Sowjetunion und des sich abzeichnenden Zusammenbruchs der Weimarer Republik reiste Lotte Jacobi unter Protektion der Kommunistischen Partei Deutschlands nach Moskau. Auf ihrer Reise hat sie – wenn auch unvollständig – die Motive ihrer Fotografien notiert, aus denen sich die Wegstrecke, die Stationen, teilweise auch die Dauer des jeweiligen Aufenthalts, Orte und Einrichtungen, die sie besucht hat, sowie einige offizielle Persönlichkeiten, mit denen sie zusammengetroffen ist, annähernd nachvollziehen lassen.[27] Ihre Notizen sparen ganz und gar private Begegnungen und persönliche Eindrücke aus. Ungewiß bleiben auch alle näheren Einzelheiten: Wo und wie hat sie gewohnt? Ist sie – der Sprachschwierigkeiten wegen – in russischer Begleitung gereist? Wen von ihren Bekannten und Freunden – außer Modotti und Kisch – hat sie getroffen? Es ist kaum anzunehmen, daß sie Max Hoelz in Moskau nicht wiedergesehen hat, aber für ein Treffen gibt es keinen Hinweis. Viele Fragen bleiben unbeantwortet, so zum Beispiel auch die nach der Anzahl der in Moskau entstandenen Fotografien, von denen nur überraschend wenige existieren. Möglich ist, daß hier ein Zusammenhang besteht mit ihrer Äußerung: Schwieriger als in der Sowjetunion zu fotografieren sei es gewesen, die Fotos herauszubekommen. Ganz sicher aber ist, daß ihre fotografische Tätigkeit der Aufsicht durch die Agentur 'Sojusfoto' unterstand, die auch dafür zu sorgen hatte, daß alle Aufnahmen vor ihrer Ausreise entwickelt wurden. Die Abzüge tragen den Stempel der Agentur mit Numerierung, Namen der Fotografin und Bezeichnung des Motivs.

Zu den wenigen Aufnahmen aus Moskau gehören solche wie die verbotene Kreml-Ansicht, die Lotte Jacobi auf ihren privaten Streifzügen durch die Stadt gemacht hat und andere, die zeigen, daß sie auch an offiziellen Besichtigungsprogrammen teilgenommen hat: Fotografien von Stadtrandsiedlungen für die Hunderttausende, die jährlich in die neue Metropole strömten, von einer Kinderkommune, eingerichtet für die 'Besprisorni', durch Krieg und Revolution jahrelang auf sich gestellte, streunende Kinder und arbeitslose Jugendliche, von der Drahtfabrik 'Hammer und Sichel', durch die sie von deutschen Facharbeitern geführt wurde, und von einer der zahlreichen billigen Speisegaststätten, die nach dem häufigsten Gericht der Woche auch als Kohlküchen bekannt waren. Zu den Mustereinrichtungen gehörte auch ein in Mitschurinsk – etwa 350 km südlich von Moskau – gelegenes Forschungszentrum mit Laboratorium, Museum und botanischem Institut, an dem Iwan Wladimirowitsch Mitschurin, Professor für Botanik, zusammen mit einer Gruppe junger Naturwissenschaftler mit Nutzpflanzen experimentierte. Hier wurden Veredelungen und Kreuzungen vorgenommen, Hunderte von Obst- und Getreidesorten gezüchtet, um langfristig Quantität und Qualität der Erträge – auch in geologisch und klimatisch benachteiligten sowjetischen Regionen – zu steigern.

Das in der Literatur viel beschriebene und von Reisenden der Zeit besonders bestaunte Moskau der Gegensätze von orientalischem Zauber und sowjetischer Sachlichkeit, von Zarismus und Sozialismus hat Lotte Jacobi im traditionsreichen Hotel Metropol erlebt. Selbst ein Stück Geschichte, ist es Zeuge einer bewegten Epoche geworden. Zentral gelegen, in Kreml-Nähe am Swerdlowa-Platz gegenüber dem Bolschoi-Theater, war es – um die Jahrhundertwende erbaut – zaristisches Luxushotel. Der Glanz des Fin de siècle war inzwischen verblaßt, abgeblättert von den Wänden. An der Fassade stand nun das Motto der neuen Zeit zu lesen: »Nur die Diktatur des Proletariats kann vom Joch des Kapitalismus befreien.« Im Salon hing noch in deutscher und englischer Sprache der Hinweis: »Im oberen Saal allabendlich von 8 Uhr an Fox-Trott.« Und wie zur Warnung für Revolutionäre hatte man um die Mitte der zwanziger Jahre direkt gegenüber vom Hotel einen monumentalen Kopf Dantons in Stein als Denkmal postiert.

Personal im Hotel Metropol, Moskau, Sept. 1932*

Im Metropol tagten noch zu Beginn der Oktoberrevolution die 'Weißen', bis Lenin hier den Sitz des Exekutivkomitees der Bolschewiken einrichtete. Dann wurde es zweites Sowjet-Gästehaus nach dem Hotel 'Lux', das den Funktionären der Komintern vorbehalten war. Im Metropol hatte Max Hoelz sein Zimmer, wenn er in Moskau war; hier hat Lotte Jacobi am 22. September 1932 an einem Bankett zu Ehren von Henri Barbusse teilgenommen, der als französischer Vertreter des Internationalen Büros für revolutionäre Literatur (IBRL) am Tage zuvor angereist war. Zu seiner Begrüßung am Bahnhof hatten sich auch Meyerhold, Frau Stassowa aus dem Vorstand der IAH, der tadschikische Nationaldichter Lachuti und Karl Radek eingefunden. Radek, eine politisch eher schillernde Figur, hat Jacobi zu einem Porträttermin in seinem privaten Arbeitszimmer aufgesucht. Wegen seiner Nähe zu Trotzki hatte er bereits zwei Jahre Verbannung hinter sich, hatte sich danach 1929 wieder mit Stalin arrangiert und arbeitete 1932 als Leitartikler bei der 'Iswestija'. Stalin sah in ihm zu diesem Zeitpunkt wegen seiner Auslandserfahrungen als ehemaliger Kominterndelegierter einen unentbehrlichen Mitarbeiter. 1937 wurde Radek zum zweiten Mal angeklagt und trotz öffentlicher Selbstbezichtigungen ins Gefängnis gesteckt, wo er nach zwei Jahren – auf bisher ungeklärte Weise – ums Leben kam.

Bald nach ihrer Ankunft in Moskau sah Lotte Jacobi Egon Erwin Kisch wieder, der schon zwei Jahre unterwegs, nicht mehr nach Berlin zurückgekommen war und gerade an einem Manuskript zu seinen neuesten Reportagen 'China geheim' saß.[28] Kisch war 1930 für ein halbes Jahr an die Universität Charkow zu Vorlesungen in der Sektion Zeitungswissenschaften gerufen worden, und im Anschluß daran hatte er die zentralasiatischen Republiken bereist. Vermutlich nicht ganz ohne Hintergedanken hatte Kisch ein Treffen für Lotte Jacobi mit Abdurachim Chodschibajew, dem Vizepräsidenten der tadschikischen SSR arrangiert, den er selbst auf seiner Reise kennengelernt hatte und der als Vorsitzender des Rates der Volkskommission gerade in Moskau war. Chodschibajew war von Lotte Jacobis Aufnahmen so begeistert, vielleicht mehr noch angetan von der Vorstellung, eines Tages Fotografien seines Landes in aller Welt zeigen zu können, daß er sie nach Stalinabad[29] einlud, damit sie auf einer Rundreise durch Tadschikistan und Usbekistan den Entwicklungsstand dieser Länder im Foto festhalte.

Der Vizepräsident der tadschikischen SSR Abdurachim Chodschibajew und der tadschikische Nationaldichter A. Lachuti, Moskau, August 1932

## *Pionierin mit der Kamera*

Am 21. Oktober machte sich Lotte Jacobi auf den Weg nach Zentralasien. Täglich ging ein Schnellzug vom Kasaner Bahnhof, der bis Taschkent, der Hauptstadt von Usbekistan, über Orenburg und durch die weite kasachische Steppe in vier Tagen und vier Nächten die Strecke von knapp 3500 km zurücklegte. Von hier aus ging es weiter, noch einmal zwei Tage und zwei Nächte durch die alten Stadtoasen Samarkand und Buchara, 1600 km in das schwer passierbare, gebirgige Tadschikistan bis nach Stalinabad, der aus dem Lehmboden gestampften neuen Hauptstadt des Landes.

Usbekistan ist eine überwiegend wüstenhafte Region; weite, unbewohnte Landstriche wechseln mit dichter Besiedlung in den fruchtbaren Stadtoasen. Tadschikistan ist ein schroffes unwegsames Bergland mit dem höchsten Berg der UdSSR, dem 7495 Meter hohen 'Pik Kommunisma', der 'Spitze des Kommunismus' und nur ganz vereinzelt dicht besiedelten fruchtbaren Flußtälern. Größere Regionen ständig schneebedeckter Hochgebirge, des Pamir, sind

ganz ohne Besiedlung und Vegetation. Das Klima Zentralasiens ist kontinental: scharfe, kalte Winter und überaus heiße Sommer mit bis zu 50 Grad Celsius und nur kurzen Regenperioden, so daß die Landwirtschaft immer schon auf künstliche Bewässerung angewiesen war. Bis heute sind die beiden einträglichsten Landwirtschaftszweige in beiden Republiken die Seidenraupenzucht und Seidenverarbeitung sowie der Anbau von Baumwolle, der Usbekistan auch seinen poetischen Beinamen 'Land des weißen Goldes' verdankt.
Als Lotte Jacobi in Stalinabad ankam, war diese Gegend gerade erst durch den Verkehr erschlossen: Die erste Eisenbahn erreichte Stalinabad am 1. Mai 1929; das erste Flugzeug kam aus Moskau und landete im Jahre 1930 in Taschkent nach drei Tagen Flug und mehreren Zwischenlandungen.
Usbekistan und Tadschikistan liegen im Zentrum des sowjetischen Mittelasien, das im Osten bis China und Indien, im Süden bis Afghanistan reicht und im Westen an Persien und das Kaspische Meer grenzt. Seit Jahrtausenden Kulturland und Schmelztiegel vieler Völkerstämme, dehnten im 6. Jahrhundert v. Chr. die Perser ihren Herrschaftsanspruch bis hierher aus, behaupteten sich später mit eigenen Stadtgründungen die Griechen, haben hier die Hunnen und Mongolen die Spuren ihrer Eroberungszüge tief eingebrannt. Die Tartaren zogen durch diese Regionen und im 7. Jahrhundert die Araber, deren Einfluß durch die gewaltsame Bekehrung der Bevölkerung zum Islam bis heute spürbar ist. Aus der nordsibirischen Steppe kamen Turkstämme, unter ihnen die nomadisierenden Usbeken, die sich schließlich hier zusammen mit den persischstämmigen Tadschiken auf Dauer angesiedelt haben. Die über Jahrhunderte nicht versiegende Quelle des Wohlstandes dieser Gegend waren die Karawanenstraßen, vor allem die Seidenstraße, die von China kommend, über Samarkand zum Mittelmeer führte. Erst durch die Entdeckung des Seeweges nach Indien verlor diese Handelsverbindung ganz und gar an Bedeutung, so daß die gesamte Region verarmte.
Anziehungspunkte dieser alten Kulturen für Reisende aus aller Welt sind bis heute die sagenumwobenen Städte Buchara und Samarkand geblieben. Von Alexander dem Großen als die Schönste aller Städte gepriesen, hat die Literatur Samarkand immer wieder in den Zauber einer Stadt aus 'Tausend und einer Nacht' gehüllt. Im 14. Jahrhundert hatte hier der wegen seiner grausamen Kriegszüge gefürchtete Mongolenherrscher Timur Lenk die Residenz seines Reiches im Glanze islamischer Architektur erstrahlen lassen. Er hatte die erfahrensten Baumeister und Handwerker aus Persien kommen lassen, Philosophen und Geschichtsschreiber sowie Miniaturmaler und Kalligraphen am Hofe versammelt und aus Samarkand ein kulturelles und wissenschaftliches Zentrum des Morgenlandes gemacht. Daneben hielt er Buchara als streng orthodoxe, religiöse Stadt, beherrscht vom Mönchsorden der Derwische, wo sich bis 1920 kein Jude und kein Christ ansiedeln durften.
Die Bauwerke in Samarkand aus den leuchtend blaugrün glasierten Ziegeln, mit Majolikamosaiken, den Pflanzen- und Schriftornamenten, die Moscheen und Minarette, die Karawansereien, Paläste und Mausoleen waren Ausdruck einer Prachtentfaltung, die aber ohne die aus den Phantasien arabischer Erzähler geborenen Legenden nicht vollkommen war. So erzählte man sich, die monumentale Gräberstraße außerhalb der eigentlichen Stadt verdanke ihren Namen »Schah-i-Sinda« (»Der Herrscher möge leben«) Kussam ibn Abdal Muttalib, einem angeblichen Vetter des Propheten Mohammed, der im 6. Jahrhundert in die Stadt gekommen war, um die sündigen Feueranbeter, die dem Kult des Zarathustra anhingen, zum Islam zu bekehren. Kussam soll während des Gebetes von Bewohnern aus Samarkand erschlagen worden sein, nicht aber den Tod gefunden haben, denn ein Muslim erwirbt, stirbt er beim Gebet, das ewige Leben.

Seitdem ist das Grab des Kussam Pilgerstätte des frommen Mohammedaners, ein Wallfahrtsort, der die Vorahnung des Paradieses verheißt.

Mehrere Legenden zugleich haben sich um das Hauptwerk timuridischer Baukunst gebildet, die Moschee »Bibi Chanum«, von denen die 'Schleierlegende' ihre Bedeutung solange nicht verloren hat, wie sie zur 'Verschleierung' patriarchaler Unterdrückung der Frau tradiert wird: Bibi Chanum, Lieblingsfrau des grausam despotischen Timur Lenk, ließ zum Zeichen ihrer Liebe ihrem Herrscher gegenüber während seiner jahrelangen Abwesenheit, eine Moschee bauen. Einer der Baumeister hatte sich aber in sie verliebt und sich – bevor er bereit war, weiter zu arbeiten – einen Kuß von ihr ausbedungen. Bibi Chanum erdachte eine Reihe von Ausflüchten und Überlistungen, aber der Baumeister war nicht von seiner Forderung abzubringen. So gab sie endlich nach. Als Timur nach Samarkand zurückkehrte, war er beeindruckt von der Schönheit des neuen Bauwerks, aber an seiner Frau entdeckte er Spuren des besagten Kusses. Als erstes ließ er den Baumeister suchen – aber vergeblich. Dann erging aus Rache an dem Liebhaber an alle weiblichen Untertanen in seinem Reich der Befehl, von nun an bis in alle Ewigkeit einen Schleier zu tragen – eine Ewigkeit, die für einen Teil der Frauen am 8. März 1924, dem internationalen Frauentag, vorerst zu Ende gehen sollte. Sie versammelten sich auf dem Registan, dem größten Platz von Samarkand und verbrannten in einem rituellen Akt den aus Roßhaar geflochtenen Tschadschwan.

Dieses 'sagenhafte' Samarkand hatte Lotte Jacobi in einer Zeit gesellschaftlichen Umbruchs und industriellen Aufbaus erlebt, gerade, als sich neben den Bauwerken aus der Vorzeit die neue Stadt mit öffentlichen Schulen, Arbeiterclubs und Fabriken entwickelte. So hat sie einige überraschende Begegnungen im Foto festhalten können, wie beispielsweise die mit dem Grabwächter vom Mausoleum des Timur Lenk, der scheinbar problemlos Altes und Neues, Islam und Sozialismus, Mohammed und Marx miteinander zu vereinbaren verstand. Seit 46 Jahren war er hier Wächter, und in seinem über und über mit orientalischen Teppichen ausgekleideten Raum wiesen Leninplakat und Lautsprecher auf seine Verbindung mit der neuen Zeit. Sein Sohn hatte sich aus der Familientradition gelöst, er war Sowjetarzt geworden.

Touristen, die sich voller Bewunderung nur im alten Teil der Stadt umsahen und ihre Begeisterung über diese alte Kultur zum Ausdruck brachten, haben den Zorn der jungen Bolschewiken besonders herausgefordert. Darum läßt Kisch in seiner Erzählung »Rund um das Grab des Tamerlan« (Timur Lenk) seinen Begleiter Mustapha mit ironischem Seitenhieb gegen eben diese Bildungsbürger wettern: »Der Teufel soll euch holen alle zusammen!... Da kommen sie her, die Europäer ... und keiner will sich unsere technischen Anlagen ansehen, unsere Forschungsinstitute, unsere Fabriken, unsere Neubauten, unser Wasserwerk ... Alle kommt ihr nach Samarkand, um Romantik anzuglotzen.«[30]

Die Veränderungen und Umwälzungen durch die russische Oktoberrevolution 1917 kamen in diesen Sowjetrepubliken erst mit Verzögerung von knapp zehn Jahren zum Tragen, nicht zuletzt auch wegen der erschwerten Verbindungen durch die nur streckenweise ausgebauten Verkehrswege. Aber auch der Vorbehalt und die Auflehnung gegen alles Russische war unter den einheimischen Völkern, den Tadschiken und Usbeken, wie auch unter den Kirgisen, Kasachen und Turkmenen, ganz erheblich. Noch war die Erfahrung der zaristischen Kolonialzeit allzu präsent, in der sich der Druck auf die Bevölkerung verdoppelt hatte: Neben den islamischen Großfürsten, den Emir, war der Zar mit seinen Abgabeforderungen getreten. Eine breite nationale Bewegung, erfahren in »heiligen Kriegen« gegen die »Ungläubigen« forderte nun nach der Revolution verstärkt das Recht auf kulturelle Autonomie: die eigene Sprache als Landessprache und

freie Religionsausübung – ein Anspruch, den Lenin 1917 geglaubt hatte, eingelöst zu haben: »Euer Glaube und eure Bräuche, eure nationalen und kulturellen Einrichtungen sind für alle Zeiten frei und unantastbar.« Stalin, seit 1920 damit betraut, die Nationalitätenfrage zu regeln, dachte darin anders. Er achtete streng darauf, die nationalen Bestrebungen möglichst zurückzudrängen und fürchtete nichts mehr als eine neu entstehende, panturkisch-islamische Macht. Deshalb sorgte er auch sehr bald dafür, den 1920 gegründeten Staatenverbund, die Autonome Sozialistische Sowjetrepublik Turkestan, zu dem Turkmenistan, Usbekistan, Tadschikistan, Kasachstan und Kirgisien mit der gemeinsamen Hauptstadt Taschkent gehörten, wieder aufzulösen. In diesem Zusammenhang entstand 1924 die usbekische, davon abgetrennt 1929 die tadschikische SSR. Infolge weiterer Verschärfung dieser politischen Praxis wurden 1933 der Staatspräsident von Tadschikistan Nasratullah Maksum und sein Premierminister Chodschibajew als Repräsentanten einer nationalen Politik ihrer Ämter enthoben.
Schon bald nach der Revolution hatten sich die Bolschewiken unter den Orientalen in der Jungbucharesischen Bewegung zusammengeschlossen. Ihre Gegner, die Basmatschen, nationalislamische Guerilla-Kämpfer, die bis 1920 Partei für den Emir nahmen und jegliche Sowjetisierung bekämpften, konnten sie erst in den frühen dreißiger Jahren völlig niederschlagen. Zu entschärfen begann sich die streitbare Situation aber bereits mit zunehmender Verwirklichung des im Revolutionsprogramm erklärten wirtschaftlichen und kulturellen Aufbaus: Mit dem Ausbau der Verkehrswege, vor allem der turkestanisch-sibirischen Eisenbahn (»Turksib«) zur Rohstoffbeschaffung und dem Eisenbahnnetz zwischen den zentralasiatischen Städten, zur Belieferung von technischem Gerät und mit der Delegierung von Fachkräften wie Ingenieuren zur Unterstützung beim Bau von Industrieanlagen, Lehrern und Ärzten. In wenigen Jahren machten diese asiatischen Länder die gewaltige Entwicklung von einer zurückgebliebenen, mittelalterlich-feudalen in eine Industriegesellschaft durch.
Zu welch seltsamen Begebenheiten es in der Bevölkerung bei dem Aufeinandertreffen mit den 'neumodischen' technischen Errungenschaften – beispielsweise den Verkehrsmitteln – kommen konnte, hat Kisch in einer Passage über die Entstehung des modernen Stalinabad vergnüglich erzählt: Nach wie vor sei eben das Kamel das vertraute Transportmittel, und Flugzeug, Auto und Fahrrad – in dieser Reihenfolge – seien unterschiedlich freundlich begrüßt worden. Mit der Kommentierung, wenn Vögel fliegen könnten, warum dann nicht auch Menschen, habe man das Flugzeug ohne das geringste Staunen zur Kenntnis genommen; dem Auto habe man, wenn es in der Stadt anhielt, wie gegenüber den Tieren gewohnt, Heu und Wasser gebracht; das Fahrrad aber war als »Fahrzeug des Teufels« verflucht, und weil es nicht von allein stehen könne, habe man es dem Tod durch Verhungern und Verdursten ausgeliefert. Es bekam kein Heu und kein Wasser.
Groß muß auch die Verwunderung gewesen sein, als Lotte Jacobi in Stalinabad mit ihrer Leica unterwegs war. Fotografieren mit einer Kamera, die man wie eine Pistole aus der Tasche zog und bei der man einfach nur abzudrücken brauchte, war unter den einheimischen Fotografen sicher noch nicht verbreitet. Hier gehörten zum Fotografieren nach wie vor das schwere Gepäck mit Stativ und Platten, die Requisitenkiste und die Prospekte mit den unterschiedlichen Traumlandschaften. Vertrauter als der Fotoapparat war das Kino. Stalinabad produzierte in der eigenen Filmfabrik »Tadschik-Kino« – auch für den Export – Aufklärungsfilme, die im Zuge der visuellen Alphabetisierungskampagne mit dem Kinowagen überall auf dem Lande ihr Publikum erreichten.
In Stalinabad war Lotte Jacobi auf persönliche Einladung Gast in den höchsten Politikerkrei-

Staatspräsident Maksum, unbekannt, Vizepräsident Chodschibajew, Gorbunov während des Banketts zum 15. Jahrestag der Oktoberrevolution im Haus der Partei, Stalinabad, November 1932

sen des Landes, im Hause Abdurachim Chodschibajews, des Regierungschefs der tadschikischen SSR. Mit Stolz hat man der Fotografin die moderne Stadt, die Parteischule und die Arbeiterakademie, das Elektrizitätswerk und das Gerichtsgebäude, Fabriken und Schulen, alle diese neuartigen Errungenschaften vorgeführt, die jetzt da standen, wo noch vor kurzem nicht mehr als eine zufällige Ansammlung einzelner Lehmhäuser zu finden war. Fotografiert hat Jacobi in der »Seidenfabrik 15. Oktober« und auf Parteiversammlungen, im Theater, in den Schulen und Kolchosen, aber auch auf dem Basar, Zentrum orientalischen Lebens mit Händlern, Handwerkern und Bauern, dem Wasserverkäufer und dem Schreiber.

In Jacobis Notizen finden sich mehrfach Eintragungen von Begegnungen mit Frauen in exponierten gesellschaftlichen Positionen: »Genossin Direktorin der stalinabadischen Seidenfabrik«, »Genossin Chehangerowa, erste Tadschikin, die den Schleier abgelegt hat, aktive Kämpferin gegen Basmatschen, heute aktiv in der Kommission zur Verbesserung des Frauenlebens«[31]. Es war das im neuen Gesetz verbriefte Recht, das ins Leben der Frauen revolutionierend eingegriffen hatte. Die bis dahin existierenden Schulen waren entweder – in der Kolonialzeit – den Russen vorbehalten, oder – wie die islamischen Medresen – nur für den klerikalen männlichen Nachwuchs zugelassen. Die Frau unterstand dem männlichen Familienoberhaupt, wurde mit acht Jahren unter den Schleier gezwungen, in die Ehe verkauft und abseits vom öffentlichen Leben im sogenannten Itschkari, einem abgesonderten Teil des Hauses gehalten, der dem Blick von und nach draußen verschlossen blieb. Wenn Frauen nun aber ihre Rechte in Anspruch nahmen und den Schleier als Symbol ihrer Versklavung öffentlich verbrannten, mußten sie – im schlimmsten Fall – damit rechnen, ermordet zu werden. Der Mitte der zwanziger Jahre in Gang gekommene Emanzipationsprozess ist bis heute nicht abgeschlossen, wie aus jüngsten Berichten über Selbstverbrennungen in Usbekistan zu hören ist.[32]

Das politisch bedeutungsvollste Ereignis, das Lotte Jacobi auf ihrer Reise miterlebte, waren die Feierlichkeiten am 7. November 1932 zum 15. Jahrestag der Oktoberrevolution in Stalinabad. Die ganze Stadt hatte sich unter Fahnen- und Transparentenschmuck in eine Welt aus Kulissen verwandelt mit überlebensgroßen Nachbildungen der Revolutionäre Marx, Lenin und Stalin sowie bildlich dargestellt den Leistungen der Kollektive und Stoßbrigaden. Künstlerische Darbietungen, Demonstrationen und Bankette gehörten zu den Höhepunkten des Festes.

Der Grad der Modernität des Lebens und der kulturellen und industriellen Einrichtungen, wie sie Lotte Jacobi 1932 vor allem in Stalinabad und vor ihrer Rückreise nach Moskau auch für einige Tage in Chodschent[33], dem Zentrum tadschikischer Seidenproduktion, gesehen und erlebt hat, ist nur zu ermessen, führt man sich den Zustand dieser asiatisch orientalischen Gegenden vor Einsetzen des Entwicklungsprogramms durch den ersten Fünfjahresplan vor Augen: Eine Bevölkerung von Analphabeten, die im Islam eine Bestärkung ihrer schicksalsergebenen Lebenseinstellung erfuhr und die gewohnt war, von der Hand in den Mund zu leben, zur Arbeit gezwungen und von dem jeweiligen Landesherren ausgepresst zu werden.

## *Die Unbestechlichkeit des Blicks*

Lotte Jacobis Fotografien sowjetisch-orientalischen Lebens aus Buchara und Samarkand, Stalinabad, Chodschent und Taschkent sind zuallererst Sympathieerklärungen an die Menschen, denen sie begegnet ist. Ohne einseitig Partei zu ergreifen, etwa alles islamisch-orientalische abzuwerten und alles sowjetisch-sozialistische hymnisch zu stilisieren, gibt sie ein Bild der lebendigen Kontraste. Die Straßenszenen und Aufnahmen am Arbeitsplatz, in der Schule und im Theater erzählen von Nöten und neu gewonnenen Freiheiten und davon, wie die alten und neuen Lebensweisen nebeneinander und miteinander existieren: Die Moschee und das neue Ersatzheiligtum, die 'Rote Ecke', die Tschaichane, orientalische Teehäuser, und die Arbeiterclubs, Basare und Kolchosen, die verschleierte Mohammedanerin und die Genossin in der Fabrik, der Mullah und der Parteifunktionär.
Einige ihrer Aufnahmen geben Anlaß zum Schmunzeln, andere wieder halten Überraschungen bereit oder sind tiefernst wie zum Beispiel der Samarkander Jude mit dem obli-

Im Chodschenter Parteibüro, Chodschent, Dezember 1932

gatorischen Strick am Gürtel, an dem er jederzeit aufgeknüpft werden konnte. Ihre Motivwahl folgt immer ganz persönlichen Kriterien, ihrer eigenen Sehweise, die nie den Menschen aus dem Auge verliert und nicht – wie es für eine Gastfotografin denkbar wäre – einem Programm oder gar einer Berichterstattungspflicht, die zuerst den Sachverhalt, die Errungenschaft, den Fortschritt zu berücksichtigen gehabt hätte. Selbst die Demonstrationsobjekte ersten Ranges, die Vorzeigeprojekte industrieller Entwicklung, die rauchenden Fabrikschlote und die industrialisierte Produktionsweise forderten sie nicht zu einer fotografischen Überhöhung heraus.

Ihre Bildnisse der so fremdartig gekleideten Menschen aus den unterschiedlichsten asiatisch-orientalischen Regionen, der Kirgisen und Afghanen, Juden, Tadschiken und Usbeken sind zugleich auch historisch-ethnografische Zeugnisse: Der Kirgisen-Junge mit der apotropäisch-glücksbringenden Feder am Hut, die Mohammedanerin mit dem aus Roßhaar geflochtenen Tschadschwan, die Usbeken und Tadschiken, Männer, Kinder und Frauen, die die bunte Tjubetejka auf dem Kopf tragen, deren Dekor die jeweilige Stammeszugehörigkeit verrät.

In den überraschend natürlichen Porträts, ohne verlegene oder selbstdarstellerische Pose, zeigt sich Lotte Jacobi in ihrem Metier: als versierte Porträtfotografin, die die Nähe und Aufmerksamkeit ihres Gegenüber zu gewinnen versteht. Im hektischen Menschengewimmel orientalischer Basare gelingt es ihr – zumeist mit der handlichen Leica –, jeden einzelnen auf den Augenblick einer Zwiesprache zu konzentrieren, aus der Nahsicht Kopfporträts zu fixieren, in denen die fremdländische Typik, das Exotische hinter das selbstbewußt Individuelle zurücktritt.

Ob Lotte Jacobi beim Fotografieren an eine Bebilderung von Kischs Zentralasien-Reportagen gedacht hat, wissen wir nicht, aber die Ähnlichkeit vieler erzählter Erlebnisse und Situationen mit den von ihr fotografierten, legen diesen Gedanken nahe. Selbst wenn sie eine solche Idee gehabt hätte, sie wäre nicht mehr zu realisieren gewesen: Als sie im Februar 1933, wenige Wochen nach der Machtergreifung durch die Nationalsozialisten nach Deutschland zurückkehrte, stand Kisch als Kommunist kurz vor der Verhaftung; nach einigen Tagen Haft in der Festung Spandau wurde er Anfang März nach Prag abgeschoben. Sein Verleger Reiss durfte nur noch politisch genehme jüdische Autoren verlegen; 1938 konnte er aus dem KZ nach Schweden gerettet werden. Lotte Jacobi war mit der Gleichschaltung der Presse die offizielle Arbeit untersagt. Das Atelier Jacobi bestand unter verschiedenen Decknamen noch zwei Jahre, bis Lotte Jacobi 1935 in die USA emigrierte. Ihre Reisefotografien aus der Sowjetunion sind bis heute – mit vereinzelten Ausnahmen – unveröffentlicht geblieben.

*Marion Beckers, Elisabeth Moortgat*

*Anmerkungen*

1 Bagno: im 17./18. Jahrhundert Bezeichnung der Gefängnisse für Galeerensträflinge in französischen Seestädten
2 Hanns Weinberg, Lüge und Wahrheit über Rußland. In: General-Anzeiger für Dortmund und das gesamte rheinisch-westfälische Industriegebiet, Nr. 42 (11. Februar 1931)
3 ebd. Nr. 42 (11. Febr. 1931) – Nr. 56 (25. Febr. 1931)
4 Bruno Frei, Der Papiersäbel. Autobiographie. Frankfurt/M. 1972, S. 118
5 Seit 1920, verstärkt nach 1926 reisten deutschsprachige Schriftsteller in die Sowjetunion, zum großen Teil waren es die im 'Bund proletarisch-revolutionärer Schriftsteller Deutschlands' organisierten: Jo-

hannes R. Becher, Ludwig Renn, Willi Bredel, Anna Seghers, Erich Weinert, Berta Lask, August Wittfogel, Frida Rubiner, Alfréd Kemény (Durus), von denen sich einige auch mehrfach dort aufhielten, aber auch Erich Kästner (1929), Stefan Zweig (1928), Axel Eggebrecht (1923/24), Erika und Klaus Mann (1928), Arthur Holitscher (1922/24), Bruno Frei (1928), Lion Feuchtwanger (1937), Alfred Kantorowicz (1929), Joseph Roth (1926) u.a.

6 In den frühen zwanziger Jahren besuchten John Graudenz, Germaine Krull, Georg Pahl die Sowjetunion. John Graudenz leitete 1922 – 1924 das Büro »United Press International« (UPI) in Moskau. Vgl. Kerbs, Uka, Walz-Richter (Hrsg.), Die Gleichschaltung der Bilder. Zur Geschichte der Pressefotografie 1930 – 1936, Berlin 1983. Der ungarische Fotograf János Reismann arbeitete von 1931 – 1938 in der SU als Bildberichterstatter für »UdSSR im Bau«, »Orgonjok« u.a. Vgl. Wechselwirkungen. Ungarische Avantgarde in der Weimarer Republik, Marburg 1986, S. 584

7 Vgl. Der Arbeiter-Fotograf, Nr. 4, IV. Jg. (1930), S. 89, Nr. 2, V. Jg. (1931), S. 27 f.

8 Vgl. Herbert Molderings, Überlegungen zur Fotografie der neuen Sachlichkeit und des Bauhauses, in: Kritische Berichte, Heft 2, 5. Jg. (1977), S. 67 ff; ders. 'Amerikanismus' in der deutschen Fotografie der Zwanziger Jahre, in: Camera Austria, Graz 22/1987, S. 25 ff.

9 Die Fotografin Elisabeth Röttgers in einem Gespräch am 1. September 1985 mit den Autorinnen

10 Vgl. Das neue Rußland, Hrsg. von der Gesellschaft der Freunde des neuen Rußland in Deutschland, Berlin 1923 – 1932

11 Das neue Rußland, Heft 1/2, 9. Jg. (1932), S. 75. Lotte Jacobi fotografierte den Sowjetbotschafter bei der Verabschiedung des Botschaftsrates und den Kritiker und Literaturtheoretiker, den Vorsitzenden des russischen Schriftstellerverbandes (RAPP) Leopold Averbach mit seinem Dramatikerkollegen Wladimir Kirschon während einer Veranstaltung der literarischen Sektion der Gesellschaft im Hotel 'Russischer Hof', Berlin.

12 Sándor Radó, Deckname Dora, Stuttgart 1972, S. 73.

13 Die Agentur 'Unionfoto' wurde am 1. Mai 1930 in Berlin SW 68, Zimmerstraße 70 gegründet, im Juni 1930 umbenannt in 'Unionbild'; vgl. Der Arbeiter-Fotograf, Heft 4, IV. Jg. (1930), S. 90.

14 Vgl. auch Franz Carl Weiskopf, Umsteigen ins 21. Jahrhundert, 1927, Zukunft im Rohbau, 1932; Bruno Frei, Im Land der roten Macht, 1929; Frida Rubiner, Der große Strom – eine unromantische Wolgafahrt, 1930.

15 Egon Erwin Kisch, Zaren, Popen, Bolschewiken, Berlin 1927, Asien gründlich verändert, Berlin 1932, Erich Reiss Verlag. Neuauflage in: Kisch, Gesammelte Werke III, Berlin und Weimar 1980.

16 Vgl. Molderings, Tina Modotti – Fotografin und Agentin der GPU, in: Kunstforum International, Bd. 55, Köln 1982.

17 Christiane Barckhausen, Auf den Spuren von Tina Modotti, Köln 1988, S. 296 f.

18 Vgl. Mildred Constantine, Tina Modotti – A Fragile Life, New York 1975, S. 164.

19 Für die freundliche Übermittlung der Informationen zu Max Hoelz – Lotte Jacobi danken wir dem Hoelz-Biographen Manfred Gebhardt.

20 Thälmann-Plakat 2/16/18 in: Bundesarchiv Koblenz, vgl. ebd., Nr. 2/16/89 und 2/16/85; vgl. auch Titel der Wahlsondernummer 'Die rote Fahne' 13. März 1932, 15. Jg.; Montage John Heartfield unter Verwendung eines Thälmann-Porträts von Lotte Jacobi (?), in: Eckard Siepmann, Montage: John Heartfield, Berlin 1977, S. 125.

21 Lotte Jacobi erzählte in einem Gespräch den Autorinnen, die Partei habe den Porträtauftrag nicht bezahlen können und als Bezahlung habe sie eine Reise in die Sowjetunion vorgeschlagen, worauf die Partei einwilligte. Gary Samson, Direktor des Lotte Jacobi Negativ Archives der Universität von New Hampshire in Durham, schreibt in: The Germanic Review, No 3, Volume LXII, 1987, S. 110: »When she made the photograph of Ernst Thälmann during his campaign, as the German Communist Party candidate, for president of Germany 1932, she tried to aid his cause by taking no honorarium; instead she jokingly said to him that he might be able to arrange for her to take a trip to the Soviet Union one day.«

22 Vgl. Margaret Bourke-White, Eyes on Russia, New York 1931; vgl. Jonathan Silverman, The life of Margaret Bourke-White, New York 1983.

23 Das neue Rußland, Heft 6, 6. Jg. (1929), S. 30.

24 ebd. Heft 5/6, 9. Jg. (1932), S. 76. Eine Reise nach Leningrad, Moskau, Charkow und auf die Krim, 3 Wochen, 2. Kl. kostete für Ärzte 600,-- RM, eine ähnliche Route für Pädagogen, 3 Wochen, 3. Kl., 400,-- RM, für studierende Jugendliche, 18 Tage, 3. Kl., 250,-- RM. Eine Reise nach Moskau, Leningrad, Iwanowa-Wossnessensk und Nishnij-Nowgorod (Gorki) für Arbeiter 10 – 13 Tage kostete zwischen 150,-- RM und 225,-- RM.

25 siehe Anm. 19

26 Panait Istrati, Auf falscher Bahn, München 1930, S. 123. Hier zitiert nach: Babette Gross, Willi Münzenberg, Stuttgart 1968, S. 221.

27 Lotte Jacobi, Notizen zur Reise in die Sowjetunion, in: Lotte Jacobi Archiv, University of New Hampshire, Durham, N.H.

28 Kisch, China geheim. Erich Reiss Verlag Berlin 1933. Kischs letztes in Deutschland erschienenes Buch.

29 Stalinabad, bis 1929 Duschanbe, erhielt im Zuge der Entstalinisierung 1961 wieder den alten Namen.

30 Kisch, Asien gründlich verändert, in: Gesammelte Werke III, Berlin und Weimar 1980, S. 248, darin: Rings um das Grab von Tamerlan.

31 siehe 27

32 Vgl. Die Tageszeitung (TAZ), 11.02.1988, S. 7, »Verzweifelte Selbstmorde«.

33 Chodschent wurde 1936 umbenannt in Leninabad.

Straßenfotograf, Moskau 1932

Folgende Doppelseite:
Blick über Moskau von Südosten, im Hintergrund rechts der Kreml, Moskau 1933*

Salon im Hotel Metropol, Moskau, September 1932

Henry Barbusse (Mitte) bei einem Bankett im Hotel Metropol in Moskau am 22. September 1932

An diesem Zeitungskiosk ist die AIZ erhältlich, Moskau 1932

»Von rückständigen Wassertransporten zur leistungsstarken Sowjetflotte«, Moskau 1932

Mädchenkommune in Nahabino bei Moskau, Oktober 1932

← Krananlage der Fabrik 'Hammer und Sichel', Moskau 1932

Neubausiedlung, Moskau 1932

Mitschurin und seine Mitarbeiter auf dem Gelände der Obstbaumschule, Mitschurinsk, September 1932

Das Museum des botanischen Forschungszentrums in Mitschurinsk, September 1932

Der Botaniker Professor Iwan Wladimirowitsch Mitschurin mit einem Mitarbeiter in seinem Arbeitszimmer, Mitschurinsk, September 1932

Foto-Atelier und Buchhandlung des tadschikischen Staatsverlages, Stalinabad, November 1932.
Schriftzüge in russisch und tadschikisch.

# Egon Erwin Kisch
# Eine Hauptstadt entsteht: Stalinabad

»Sehen Sie dorthin! – Und dort ... Sehen Sie dieses Haus ...!«
Man mußte schon allen Vorrat an verständnisvoller Nachsicht aufbieten, um die enthusiastischen Gebärden und Ausrufe nicht übertrieben zu finden, mit denen die Stalinabadenser auf der Fahrt vom Bahnhof unsere Aufmerksamkeit nach rechts und links lenkten.
»Dort – dort, das Gerichtsgebäude. Sehen Sie dorthin, das ist das Elektrizitätswerk. Unser Pädagogisches Technikum. Chauffeur« (wir waren Insassen eines normalen Autobusses, der voll von ortsansässigen Fahrgästen war), »biegen Sie links ein, wir wollen dem Ausländer das neue Zentralkomitee zeigen.«
Und wenn gar nichts zu sehen war als eine zerfallene Hütte, dann gerieten unsere Mitpassagiere vollends in Ekstase: »Sehen Sie dorthin, sehen Sie dorthin, so haben die Häuser von Stalinabad früher ausgesehen.«
Früher war hier ein Dorf, und das Dorf hieß Djuschambe, und Djuschambe heißt »Montag«. Am Montag war der Markt, an den anderen Tagen der Woche war nichts. Sechzehn Werst von hier residierte der Chan von Gissar, dem man Steuern und junge Mädchen abzuliefern hatte.
»Sehen Sie dort, das ist das Spital, das einzige mit Mörtel beworfene Haus aus der Zeit vor der Revolution. Dort wohnte 1920 der Emir.«
Die Jungbuchareser Revolutionäre und Frunses Soldaten waren ihm auf den Fersen. Olim Chan, ein Wilhelm II. aus der Dynastie der Mangiten, flüchtete über die nächste Grenze ins neutrale Ausland.
Sein bevollmächtigter Vertreter wird Enver Pascha, vor dem Weltkrieg Führer der jungtürkischen Revolution, während des Weltkriegs Kriegsminister der Türkei, nach dem Weltkrieg von Kemal Pascha abgesägt. Enver hatte in Moskau um Unterstützung seiner abenteuerlichen Pläne gegen Englands mesopotamische Kolonie gefleht und war dann als offizieller Gast in Buchara aufgetaucht, wo er das Militär der neuen Republik organisieren wollte. Als er sah, daß die Jungbuchareser für keinen Panislamismus zu haben waren, reiste er bei Nacht und Nebel nach Kurgan-Tjube, an die Grenze Afghanistans. Niemand weiß, daß Usman Chodschajew, der Vorsitzende des Zentralexekutivkomitees, mit ihm unter einer Decke steckt. Ihm schickt Enver einen Situationsbericht: auf Beschluß der Großmächte habe das letzte Stündlein der Sowjets geschlagen. Daraufhin folgt ihm Usman mit Ali Riza, dem Kommandanten der Miliz, zweihundert Kavalleristen und vierhundert Infanteristen.
Enver Pascha besetzt Kuljab, die größte Stadt im Süden Tadshikistans, erstattet regelmäßig Meldungen an den Emir, der ihn dafür in seinen Briefen »Hauptbefehlshaber aller Heere des Islams, Schwiegersohn des Kalifen und Nachfolger Mohammeds« nennt, Enver projektiert die Wiederaufrichtung des Araberreiches Maweranar, des Landes jenseits des Flusses Amu-Darja (Oxus), und versucht, die Bassmatschenbanden in seiner Hand zu vereinigen. Aber Ibrahim Beg, der andere Vertrauensmann des emigrierten Emirs, der inzwischen Djuschambe eingenommen hat, sieht eifersüchtig

auf den Fremden und läßt ihn eines Tages schlankweg festnehmen. Fünf Tage lang behält er den »Hauptbefehlshaber und Nachfolger Mohammeds« in Haft.
»Sehen Sie dort das Haus? Darin hat Enver Pascha seine Proklamationen an die Muselmanen verfaßt.«
Ja, wir sehen das Haus, und wir kennen auch die Proklamationen. Nach Norden, wo die Lehren des Marxismus immer stärkeren Anhang fanden, schrieb er kein antisoziales und kein religiöses Wort. Dorthin verkündete er, der Kommunismus sei nur für die industriellen Staaten gedacht, Marx, Engels und Lenin hätten in Deutschland, England und in der Schweiz das System ausgearbeitet, jedoch für die Länder ohne industrielle Lohnsklaverei und ohne Finanzkapitalismus sei es undurchführbar und müsse binnen wenigen Monaten Schiffbruch erleiden. (Er kehrte also für Asien die Parole um, die zur selben Zeit in Europa von den Unabhängigen und später von den »linken« Sozialdemokraten ausgegeben wurde: Der Kommunismus könne wohl im rückständigen Osten, niemals aber im entwickelten Westen Anwendung finden.)
In seinen Sendschreiben an die Südbezirke Mittelasiens redete Enver Pascha anders. Er beschwor die Bauern, den heiligen Krieg gegen die bolschewistischen Giaurs und für den Islam zu führen, ohne von den englischen Giaurs zu sprechen, die ihm ihre Hilfe angedeihen ließen, um auch weiterhin Millionen von Mohammedanern ungestört unterjochen zu können.
Die Regierung der Bucharischen Volksrepublik schickte Truppen gegen ihn, Enver Pascha zog sich mit seinen Soldaten und Bassmatschen nach Osten zurück, bis hinter den Engpaß von Chowaling. Im Dorf Sarichosor, Bezirk Baldschuan, wurde er am 4. August 1922 erreicht und getötet. Die Kugel war durch den Fez in den Kopf gedrungen, in seiner Brusttasche fand man das Eiserne Kreuz und Dokumente, aus denen man erkannte, wer der Tote war.
Nach ihm übernahm ein anderer türkischer Exgeneral, Chodscha Sami Bey, genannt Selim Pascha, das Kommando und bedrängte von neuem Djuschambe. Als er sich geschlagen sah und von Ibrahim Beg als Feigling beschimpft wurde, ritt er angesichts der Truppen auf seinem Roß Duldulj in den reißenden Pjandsh, um zu sterben. Seine Leiche wurde neben der Envers in einer Felsenhöhle bestattet. Das Heer löste sich auf, aber das Bandenwesen blühte weiter.
Am 14. Oktober 1924 wurde die Autonome Republik Tadshikistan (im Rahmen der Sowjetrepublik Usbekistan) gegründet und das Dorf Djuschambe zur Hauptstadt erklärt. Die Mitglieder des Revolutionskomitees trafen im Aeroplan ein.
»Chauffeur, bitte, fahren Sie nach rechts. Wir müssen dem Ausländer den Kreml zeigen.« So wurde das erste Regierungsgebäude ironisch genannt. Eine Art Karawanserei aus brüchigem Lehm. In der einen der kaum zwei Meter hohen Kammern amtierte der Staatspräsident, in der anderen der Justizminister, in der dritten der Finanzminister. Über dem ausgedienten Stall, darin noch heute Fliegen und Bremsen wohnen, stand in tadshikischer und russischer Sprache: »Volkskommissariat für Gesundheitswesen«. Der Ahornbaum im Hof war der Sitzungssaal, unter seinem Plafond aus Zweigen konnten, wenn es noch so heiß war, die Kabinettsitzungen im kühlen Schatten abgehalten werden, das heißt bei 42 Grad.
Um neu zu bauen, brauchte man Material. Von Sibirien und Archangelsk bis an die Grenze der Autonomen Republik Tadshikistan, viele tausend Kilometer weit, ging es leicht, von Termes nach Djuschambe schwer. Frachtmittel war das Kamel. Dem wurde rechts ein Balken angebunden, links ein Balken, die schleiften im staubigen. lehmigen Boden, und wenn die Karawane die 250 Kilometer zurückgelegt hatte, waren die Balken um 70 Zentimeter kürzer als auf dem Bahnhof von Termes. Dreimal soviel Zeit wie zu einer Fahrt nach Amerika brauchten die in Nishnij Nowgorod und Rjasan angeheuerten Arbeiter zur Reise hierhier.

Im Jahre 1925 wurde ein Postamt errichtet. »Sehen Sie, dort links, das ist das Bürohaus für das Zentralkomitee der Partei mit einem Wohngebäude – das wurde auch 1925 gebaut und die Schule und dort die zwei Kleinhäuser. Viele Arbeiter sind dabei ums Leben gekommen, die Bassmatschen haben aus dem Hinterhalt geschossen.«
66 Bauarbeiter wurden an der Stelle begraben, wo jetzt der Justizpalast steht. Unter dem Schutz einer Postenkette baute man weiter.
1926: Die zweistöckige Mühle dort mit elektrischem Betrieb und eine Speisehalle; damals besaß man ein Lastauto. 1927: Einige Brücken, das erste Haus der Bauern, »sehen Sie?«, die Badeanstalt, Finanzkommissariat, Bezirkskomitee, eine Druckerei, das Haus der GPU – »Sehen Sie?« Man hatte schon fünf Lastautos.
Nun ging es schnell vorwärts: Haus der Presse aus Eisenbeton, zweites Haus der Bauern. – »Chauffeur, zum Haus der Roten Armee!« – Theater, Bibliothek, »sehen Sie, unser Park!« – ein schöner Park mit Adambäumen, Asiatischer Eiche (Quercus asiatica), Ahorn und Obstbäumen, »da steht das Handelskommissariat«, – drei tadshikische, eine russische und eine usbekische Lehrerbildungsanstalt, ein Lenindenkmal, die Arbeiterhäuser, Rotes Teehaus, eine Dampfmühle, eine Parteischule, das Pharmazeutische Magazin mit der Staatsapotheke, Kindergärten, Schulen, Elektrizitätswerk, Autostraßen.
Am 1. Mai 1929 fuhr der erste Eisenbahnzug in Djuschambe ein, direkter Schienenstrang nach Moskau, Berlin, Paris. Der Flugpark besteht jetzt aus 28 Aeroplanen. Das Baubudget hatte 1927/28 anderthalb Millionen Rubel betragen, 1929 fünf Millionen, 1930 achtzehn Millionen, 1931 dreißig Millionen, davon achtzehn für Straßenbau und zwölf Millionen für Hochbauten. Früher wurden die Bauplätze nach Willkür ausgesucht, jetzt wird nach einem Lageplan gearbeitet.
Im Juli 1929 beschloß der außerordentliche Andshuman (Sowjetkongreß): Tadshikistan tritt als selbständige Sowjetrepublik in die UdSSR ein. (Nach dem Nationalitätenprogramm der Sowjetunion ist anerkannt »das Recht aller Nationen, ohne Rücksicht auf ihre Rassenzugehörigkeit, auf volle Selbstbestimmung, das heißt Selbstbestimmung bis zur staatlichen Absonderung«.) Der jahrhundertelange Traum der Tadshiken von nationaler Selbständigkeit war erfüllt.
Dreieinhalb Jahre vorher, auf dem ersten Andshuman am 1. Januar 1926, war eine Abordnung von Frauen erschienen. Obwohl sie tiefverschleiert waren und nur kurze Zeit anwesend blieben, erregte diese Tatsache Entsetzen unter den Delegierten, viele ritten empört nach Hause. Auf dem Unabhängigkeitskongreß von 1929 saßen weibliche Delegierte unverschleiert neben den Männern, traten als Rednerinnen auf, und niemand wunderte sich mehr. Über tausend Frauen sind bereits gewählte Mitglieder der Dshamagate, der Kreisvertretungen.
Auch der Beschluß, Djuschambe den Namen Stalinabad zu geben, wurde auf diesem Kongreß gefaßt.
»Sehen Sie dort das Kino? Dort war der Andshuman.«
Jahrhunderte sind übersprungen. Ohne den Kapitalismus, die Ausbeutung durch die Maschinerie kennengelernt zu haben, kommt das Land aus dem Joch des mittelalterlichen Feudalismus geradenwegs in die Zeit des sozialistischen Aufbaus, aus der Naturalwirtschaft in die Kollektivwirtschaft.
Hier in der Stadt treffen wir die Söhne des Landes bei Beschäftigungen an, von denen sie sich in ihrem Dorf nichts träumen ließen. Einer unserer Freunde namens Alibaj (»Ollyboj« spricht man das aus, ebenso Tadshikistan: »Todshikiston«) führt das Kreditkonto in der Filiale der Mittelasiatischen Bank, ein anderer macht im Tropeninstitut chemische Analysen und hat ein weibliches Pendant in der Apothe-
und hat ein weibliches Pendant in der Apothe-
ke, das Mädchen Bara-at, das uns nach einem lateinischen Rezept ein Medikament gegen Papatatschifieber mixte.

Nasratullah Maksum, der Staatspräsident, kann gedrucktes Russisch nur schwer lesen, geschriebenes überhaupt nicht (sein ältester Sohn, Redaktionsmitglied des »Todshikistoni Surch«, liest ihm Marx und Lenin vor, soweit sie tadshikisch noch nicht erschienen sind), die übrigen Bauern im Zentralexekutivkomitee verstehen gar nicht Russisch. Der Regierungspräsident Abdurachim Chodschibajew ist ein Tadshike wie alle Volkskommissare, mit Ausnahme Nissar Muhammedows, der das Kommissariat für Unterrichts- und Bildungswesen leitet, eines Revolutionärs aus Afghanistan; die Frau dieses angsteinflößenden Hünen ist eine zarte, deutschsprechende Kurländerin.

Alle Mitglieder der Sowjets, alle Leiter der Behörden sind Tadshiken, nur die Spezialisten, technische, ärztliche und agronomische, sowie einige Organisatoren der Partei sind vorläufig Russen, aber en cadre ist schon der Schichtwechsel formiert. Gussejnow, Parteisekretär von Tadshikistan, ist Turkotatar.

Der Volkskommissar für Justiz ist kein Jurist. Der Volkskommissar für Gesundheitswesen ist kein Arzt. An der Moskauer Universität waren in diesem Jahr fünfzehn Plätze für Tadshiken reserviert, sie konnten mangels geschulter Anwärter nicht besetzt werden. Während viele Knaben der kulturell rückständigeren Kirgisenstämme in der Zarenzeit von den Missionaren unter der Bedingung ausgebildet wurden, daß sie zur griechisch-orthodoxen Kirche übertraten, gab es im Reich des Emirs nichts dergleichen. 1932 werden die ersten Jahrgänge die tadshikischen Mittelschulen und Arbeiterfakultäten absolvieren und die Hochschulen besuchen können. (Vom pausbackigen Rachimbajew abgesehen, der ein technischer Leiter des Wachsch-Stroi ist, eines Volkes erster Ingenieur.)

Alles lernt. Vor der Revolution konnten zwei Prozent der Untertanen des Emirs lesen, von denen wohnte ein halbes Prozent im Gebiet des heutigen Tadshikistan, also nur 6000 von 1 200 000 Bewohnern. Diese 6000 hatten gelernt, in der ihnen unverständlichen arabischen Sprache die Suren zu surren; selbst die Lehrer konnten oft nicht einmal ihren Namen schreiben.

Die ersten weltlichen Schulen wurden 1926 gegründet: sechs Stück. Diese Zahl erhöhte sich bis zum Ende 1926 auf 113 Schulen mit 2324 Schülern – keine einzige Schülerin gab es. Im Jahre 1929: 500 Schulen mit 28 400 Schülern und 1500 Schülerinnen. 900 Schulen bestehen jetzt, davon sechs russische für die Kinder russischer Arbeiter. Von 119 000 Kindern im schulpflichtigen Alter genießen nunmehr 58 000 regelmäßigen Unterricht, darunter 11 500 Mädchen. 75 000 Erwachsene haben Lesen und Schreiben gelernt. Durch die Errichtung neuer Schulen sollen im nächsten Jahr alle Knaben, 1933 alle Mädchen erfaßt werden; auch die Erwachsenen im Alter von 16 bis 39 Jahren müssen vom nächsten Jahr an in Abendkursen Elementarunterricht nehmen.

Die allerwichtigste und allerschwierigste Frage ist die des Lehrernachwuchses. Von den neun tadshikischen Lehrerbildungsanstalten in Usbekistan und Tadshikistan dienen fünf zur Heranbildung von männlichen Lehrkräften, drei von weiblichen und eine, die Taschkenter, von männlichen und weiblichen.

Dieses Land, das vor fünf Jahren 99,5 Prozent Analphabeten zählte, hat jetzt 16 000 Mittelschüler, die teils die erwähnten neun Pädagogischen Technika, das Landwirtschaftliche Technikum und das Konservatorium, das überall in der Sowjetunion den merkwürdigen Namen »Musikalisches Technikum« führt, besuchen, teils in Taschkent, Moskau und Leningrad studieren. Schon hat die Stalinabader Tageszeitung »Todshikistoni Surch« eine Auflage von 11 000 Exemplaren, die Bauernzeitung 12 000, die vor einem Jahr gegründete Jugendzeitung 8000 Exemplare, drei andere Blätter erscheinen in der Provinz.

Betrug also in Olims Zeiten die Zahl der Analphabeten sozusagen 100,5 Prozent, da jenes halbe Prozent aus Geistlichen und Beamten bestand, die ihr Wissen zur geistigen und realen Niederhaltung des Volkes benützten, so sind die neuen Leser und Schreiber im Sinne der Revolution erzogen. Auf die Bevölkerung können chauvinistische und religiöse Machenschaften nicht mehr widerstandslos einwirken, die Kommunistische Partei dieses Landes, das vor fünf Jahren zur Mehrheit auf Seite der Bassmatschen stand, zählt heute 6627 Mitglieder, davon 40,7 Prozent Tadshiken, 26 Prozent Usbeken, der Rest Russen, Kirgisen und Kasachen. Der Kommunistische Jugendverband hatte 1929 4424, heute 25151, der Gewerkschaftsverband 6500 Mitglieder.

Gegen das Bandentum hat sich die Bauernschaft zu Abwehrtrupps, den »Roten Stöcken«, zusammengeschlossen, und das ehemalige Stabsquartier Enver Paschas ist jetzt die Kaserne des tadshikischen Freiwilligenbataillons.
Viele Andenken an Bassmatschenkämpfe sind in dieser Kaserne. Da stehen die Pferde der gefangenen oder getöteten Kurbaschi; der Apfelschimmel von Alimartar Dotcho, der mit 350 Mann beim Dorfe Chodscha-Bulbular geschlagen wurde; der Hengst von Kurartik Beg, dem »Schielenden«, ist ein Equus Przewalskii, ein Urpferd; längs des Rückgrats verläuft, wie mit dem Lineal gezogen, ein schwarzer Strich, vom Hals geht quer der Streif der Wildesel, die Unterschenkel sind die eines Zebras. Herrliche Pferde, unkastriert, nur an den Vorderhufen beschlagen, aber alle mit eiterndem Satteldruck – unfaßbar, daß solche Reiter niemals den Sattel abnehmen. Wir sehen das Zaumzeug, es ist bunt und unpraktisch, bemaltes Holz, Leder und teppichüberzogene Strohkissen, der Sattelknauf oft spitzig.
»Und das Pferd des Loschkari boschi?« fragen wir den Bataillonsführer, der uns die Rosse der Bandenführer vorstellt.
»Auch ihn werden wir kriegen«, antwortet er, »auch den Loschkari boschi.« Loschkari boschi, »Haupt der Soldaten«, ist Ibrahim Beg, der Führer aller Banden.
Alimartar Dotchos Perserteppich ist da. Wo er ihn ausbreiten ließ, war das Stabshauptquartier, war die Offiziersmesse, war das Quartier des Kommandos. Veritable Richtschwerter: die Säbel der Bandenkämpfer. Manche der erbeuteten Gewehre sind Faktur ihrer Handhaber – die aus Ästen und Türschlössern hergestellten Wildererstutzen unserer kriminalistischen Museen sind moderne Waffentechnik gegen diese Pistolen und Flinten. Wir sehen aber auch schon die neuen Fabrikate Europas, Winchestergewehre, Handgranaten, Mannlichergewehre, Mauserpistolen.
Man zeigt uns Photos und Pläne der unwirtlichen Höhen und Höhlen, dahin sich die tadshikischen Freiwilligen und die Roten Stöcke vorwagten, um Nester der Banden aufzustöbern, man zeigt uns ein Tableau mit den den Räubern abgenommenen Münzen, indische Rupien, afghanische Grans, chinesische durchlochte Sapeks.
»Und die englischen Pfunde des Loschkari boschi?«
»Auch ihn werden wir kriegen. Ibrahim Beg glaubt selbst nicht mehr an seinen Sieg. Wo immer er auftaucht, schließen sich sofort die Bauern gegen ihn zusammen, melden sein Kommen den Nachbardörfern.«

Ewig wird es uns heiß überlaufen, wenn wir der Sommertage gedenken werden, die wir jetzt in Stalinabad erleben. Wir schreiben mit einer Füllfeder, in der die Tinte eintrocknet, schreiben in einem Zimmer, dessen Fenster tagsüber geschlossen und dicht verhängt sind, sonst käme die Hitze herein und ginge nimmermehr hinaus, wir schreiben auf einem Papier, auf das Schweißperlen tropfen. Je mehr wir schwitzen, desto mehr Kwaß und Narsan trinken wir, je mehr Kwaß und Narsan wir trinken, desto mehr schwitzen wir; acht Kilo unseres Körpergewichts haben sich bereits in Dampf aufgelöst.
Wir haben nur eine Schwimmhose an, und wenn's zu arg wird (manchmal wird's mitten in der Nacht zu arg), gehen wir baden und duschen, der Chaus steht im Garten. Auf dem

Basar gibt es Gefrorenes, die Portion zu einem Rubel ist ihr Geld wert, schmeckt ausgezeichnet. Das Eis wird aus Kamelmilch gemacht, vielleicht wird sich das vom Auto verdrängte Kamel ganz dieser Produktion widmen. (Konditoren Europas, kauft Kamele!) Die Tadshiken schlürfen das Eis mit Selbstverständlichkeit. In der Schießbude des Parks zielen sie auf gemalte Aeroplane, die im Fall des Treffers abstürzen, und auf Eichhörnchen, die im Fall des Treffers einen Baum hinaufklettern.

Sehr viel zu tun hat der Photograph; welcher Orientale möchte nicht verewigt sein vor einer Alpenlandschaft samt Dampfschiff, Palmen und antiken Statuen? Die Photographie ist die neueste Erfindung für Tadshikistan, das Kino ist schon etwas Altes; die Filmfabrik »Tadshik-Kino« hat moderne Operateure und erzeugt auch Filme für den Export. Aber nun kann sich jedermann – ohne daß er sich bewegt! – binnen drei Minuten abbilden lassen, ist das nicht der Gipfel des menschlichen Erfindungsgeistes? Ebenso tauchte hier das Grammophon auf, als das Radio längst alltäglich geworden war. Das erste Orchestrion, neulich aufgestellt im Park, läßt die Leute nicht zur Ruhe kommen. Was aber, Freunde, was aber soll erst werden, wenn hier aus unserer Großmutter Spieldose der Faustwalzer erklingen wird?

Seltsam verfitzt ist die Kurve der Entwicklung. Das Flugzeug, das mit den Regierungsmitgliedern in Djuschambe aus den Wolken herabschwebte, war das erste Fahrzeug in diesem Landstrich. Groß war das Staunen, aber schließlich, wenn Vögel fliegen, warum sollen es nicht auch Menschen können?

Das Auto war nicht dazu angetan, diese Sensation zu vergrößern. Im Gegenteil. Sind seine Räder aus unbekanntem Material, so ist es auch selbstverständlich, daß die Herstellung unverständlich ist. Hielt ein Auto im Dorf, brachte man ihm Heu und Wasser, wie man es von alters her dem Kamel, dem Esel oder dem Pferd jedes Gastes zu bringen gewohnt war. Es kam vor, daß die Bassmatschen aus ihren Flinten gegen die Scheinwerfer feuerten, sie glaubten, wenn sie dem Ungeheuer die Augen ausschießen, sei es blind und könne nicht mehr laufen.

Ungeheure Erregung, Fassungslosigkeit, Bewunderung erstand erst, als lange nach den Automobilen der erste Pferdewagen eintraf. Den Begriff kannte man aus dem Koran, und Pilger hatten erzählt, in Samarkand und in Buchara würden Sänften pfeilschnell von Pferden gezogen. Über das Gebirge waren sie aber nicht gekommen. Nun waren die Wagen da. Man umstand die hölzernen Räder, staunte diese Meisterwerke des Maschinenbaus an, fragte, wie so etwas erzeugt wird, ein rundes Holz aus einem Stück.

Inzwischen haben die Tadshiken chauffieren gelernt und müssen in den von Kanälen durchschnittenen Tälern und auf den Felsenstraßen Leistungen vollbringen, von denen sich zum Beispiel ein Berliner Chauffeur nichts träumen läßt, es gibt 1200 einheimische Traktorführer in diesem Lande, das das eiserne Pflugschar nie kennengelernt hat, wo noch heute auf den Privatfeldern mit dem hölzernen »Omatsch« gepflügt wird. Mit der Eisenbahn fährt man von der Saisonarbeit in die Heimat, kurzum, man hat sich an alle diese Erfindungen gewöhnt, sie begriffen.

Da kam plötzlich eine neue, eine, die sich nicht fassen läßt. Das Fahrrad! Nicht vier, sondern nur zwei Räder, sie sind hintereinander angebracht, von selbst kann das Fahrzeug nicht stehen, wenn sich aber ein Mensch zwischen die Räder setzt, hoch oben, daß seine Füße den Boden nicht berühren, so steht es nicht nur, sondern es fährt sogar, und der Mensch fällt nicht herunter. »Scheitan Arba – Fahrzeug des Teufels!« Sie bringen ihm kein Heu und kein Wasser, mag es verhungern und verdursten!

»Sehen Sie dort die Frau im Hintergrund der Bühne...«

Wir sahen gar nichts, denn im selben Augenblick ward es finster im Theater. Daß das elektrische Licht manchmal ausgeht, nimmt niemand wunder, besteht doch das Wunder darin,

daß es überhaupt elektrisches Licht gibt. Auf der Bühne des Nationaltheaters wurde einfach in dem Augenblick, da wir der Aufforderung, die Frau im Hintergrund zu sehen, aus technischen Gründen nicht Folge leisten konnten, eine Petroleumlampe angezündet. Dem Vortragenden, um den es dunkel wird in irgendeinem Versammlungssaal, leuchtet eine Kerze zum Manuskript, oder er spricht in der Finsternis weiter.
Nun soll bald der Warsob, ein Nebenfluß des Kafirnigan, das Licht liefern, nicht nur für Stalinabad, sondern weit über die Lande, nicht für dreißig, sondern für drei Kopeken die Kilowattstunde, und solcherart, daß nicht Störungen der Regel die Regel selbst sind.
Der Warsob-Stroi ist eine Hydrostation, siebzehn Kilometer nördlich der Stadt, auf einem Weg, auf dem uns der Chauffeur eine Vorstellung davon vermittelt, wie der vielberufene und nie gehörte Rohrspatz zu schimpfen vermag. Und doch war vor einem halben Jahr dieser Weg noch nicht einmal ein »Hundesohn«, war nicht einmal wert der Aufforderung, seine Mutter zu notzüchtigen und dergleichen, er war nur ein Band aus Kot. Vor einem halben Jahr erhielt A. M. Gindin, 28 Jahre alt, parteilos, Absolvent der Timirjasew-Akademie in Moskau, den Auftrag des Taschkenter Hydro-Elektro-Stroi, nach Stalinabad zu fahren und ein Kraftwerk zu bauen. Der Ingenieur Gindin fand keine Wohnung in dem zur Hauptstadt Stalinabad aufgeschossenen Dorf Djuschambe, er schlief in der Kanzlei des Bauamtes, ritt ins Gelände, suchte, das Pferd an der Leine führend, den Fluß nach einer Stelle ab, wo sich gegebenenfalls 10 000 Pferdekräfte gewinnen ließen. Dann heuerte er zwei Arbeiter und warb die Bauern des nahen Dorfes Schafteh-Mitschgon zur Mitarbeit: »Ihr werdet auf einen Knopf drücken, und alles wird so hell sein wie in Djuschambe.« Einige fanden sich bereit mitzumachen und verlangten – Elektrizitätsarbeiter in einem Land der Naturalwirtschaft! – Auszahlung des Lohnes in Waren; grünen Tee, Lutschtabak, geblümte Tüchter, Seidenstoff für Mäntel. Nach und nach wurden andere Arbeiter angeworben, Kirgisen, Usbeken, Tadshiken und zwangsweise übersiedelte Kulaken aus Innerrußland, die sich die Qualifikation als Arbeiter erwerben wollten. Alle schliefen im gleichen Zelt, in Gindins Tasche war die Lohnkasse, draußen wieherte das angepflockte Verkehrsmittel, in den Bergen lauerten die Bassmatschen.
Eine Brücke wurde gebaut, eine Überschwemmung riß sie weg, der zweiten Brücke erging es nicht besser – aber wozu das alles erzählen? Jetzt sind Baracken da für tausend Arbeiter, Eisenmaterial, Steinmaterial, Holzmaterial und Maschinenmaterial, die Schleuse und der Damm von 180 Metern und der 1126 Meter lange, vier Meter tiefe Kanal erstehen durch Stoßbrigadenarbeit, und bald werden in der Elektrostation zwei Turbinen 7750 Kilowatt bei hohem Wasserstand, 4000 Kilowatt bei niedrigem Wasserstand erzeugen, billige Kraft für die Industrie, und in Stalinabad wird nicht mehr jede Weile das Licht verlöschen.
Was ist dabei? Wird nicht anderswo auch unter Schwierigkeiten gebaut, gab es nicht in Kalifornien auch Wegbereiter? Ist nicht der Panamakanal ein tausendmal größeres Meisterwerk der Technik gewesen?
Das schon. Aber überall lockte das Geld die Unternehmer, zwangen die hohen Löhne die Arbeiter. Wenn jemals jemand irgendwo Urbarmachung begann, so träumte er von Millionen. Dieser Gindin, parteilos, wird, wenn der Warsob-Stroi fertig ist, an das nördliche Eismeer fahren und dort ein anderes Kraftwerk bauen. Viele von denen, die uns jetzt umstehen und so stolz auf die Resultate ihrer Arbeit weisen – »Sehen Sie, sehen Sie!« –, werden wohl mit ihm gehen, entweder aus Begeisterung am Aufbauwerk oder, wie die Exkulaken, um sich einen höheren »Stasch«, eine höhere Arbeitsqualifikation, zu verschaffen.

Eines Abends, da wir vor der Stadt spazierengehen, kommen wir mit den Arbeitern der Ziegelei ins Gespräch und erfahren, daß sie Bass-

matschen sind, die sich freiwillig ergeben haben. Sie stammen aus Afghanistan und haben ihre Familien von drüben nachkommen lassen. Ihr Partieführer ist ihr Unteroffizier von einst, ein schlanker Mann mit aufgezwirbeltem Schnurrbart und weißer Bluse, die meisten tragen als Knöpfe afghanische Silbermünzen. Die Männer sagen uns, sie hätten genug von den Kämpfereien, seien froh, arbeiten zu können.
»Wieviel verdient ihr?«
»Für je 1000 Ziegel 12 Rubel. Manche machen nur 500 im Tag, der Durchschnitt 980. Einer von uns macht 1500, er ist unser bester Stoßbrigadier.«
»Stoßbrigadier« sagen sie! Sie haben, eine demobilisierte Militärabteilung, das militärische Wort aus dem Sprachschatz der produktiven Arbeit, des sozialistischen Aufbaus übernommen!
»Ihr habt eine Stoßbrigade?«
»Ja. Und wir sammeln, um dem Kolchos einen Traktor zu schenken. Wir haben schon fast 200 Rubel beisammen.«
Sie arbeiten am Aufbau, sie haben einen Stoßtrupp, sie spenden einen Traktor, sie machen neue Ziegel für neue Häuser für die neue Hauptstadt der neuen Republik.
»Sehen Sie dort das neue Theater? Das ist schon aus unseren Ziegeln erbaut. Und dort die Bank? Auch aus unseren Ziegeln.«
Sie weisen mit ausgestreckten Armen und drehen unsere Schultern bald hierhin, bald dorthin, sie zeigen die gleiche Begeisterung wie unsere Führer bei unserer Ankunft in Stalinabad, eine Begeisterung, die uns damals übertrieben vorkam.

»Proletarier aller Länder seid bereit zur Verteidigung des Sowjetlandes, dem Vaterland der Werktätigen aller Welt«, Kulissenaufbau zu den Feiern des 15. Jahrestags der Oktoberrevolution am 7. November 1932 in Stalinabad

Kollektiver Empfang einer Rundfunksendung auf der Straße in Stalinabad während der Oktoberfeiern, November 1932

Auf dem Basar, Stalinabad 1932

Haus der Partei, Stalinabad 1932

Bankett im Haus der Partei in Stalinabad anläßlich des 15. Jahrestages der Oktoberrevolution im November 1932. In der hintersten Reihe v.l.n.r.: der tadschikische Staatspräsident Maksum, 3.v.l. der Vizepräsident Chodschibajew, der Leninmitarbeiter Gorbunow, 6.v.l. Isar Chodscheieff.

Der Waroschilow-Club der Baumwollkolchose, Stalinabad 1932*

Auf dem Transparent steht auf Tadschikisch zu lesen: »Arbeiterfrauen und Kolchosbäuerinnen seht zu, daß Ihr Eure Kinder zur Schule schickt und sie regelmäßig am Unterricht teilnehmen, damit auch ihre Erziehung gesichert sei.«

Bei der Baumwollernte, Stalinabad 1932

Die Tochter des Staatspräsidenten der tadschikischen SSR Nasratullah Maksum, Stalinabad 1932

Kirgisen-Junge. Die Feder an seinem Hut gilt als Zeichen gegen den 'bösen Blick', Zentralasien 1932

Kinovorführwagen der Filmfabrik 'Tadschik-Kino', Stalinabad 1932

Basarfotograf, Stalinabad, November 1932

Auf dem Basar, Stalinabad 1932

Die Baumwollreinigungsfabrik in Kurgan Tjube (100 km südlich von Stalinabad), Tadschikische SSR, September 1932

Fabrik-Schlot, Stalinabad 1932 →

Zapfstelle einer alten Bewässerungsanlage am Wachsch, einem Nebenfluß des Amu-Darja, Tadschikische SSR 1932

← Hydrostation in Taschkent, Dezember 1932

Der im Bau befindliche Staudamm am Warsop, 17 km südlich von Stalinabad, November 1932

Am Warsop, einem Nebenfluß des Amu-Darja, Tadschikische SSR 1932

Tadschikisches Mädchen, Tadschikische SSR 1932*

Erwachsene beim Mathematikunterricht, Zentralasien 1932. In Tadschikisch steht zu lesen (und seitlich in Usbekisch): »Unter der Führung des Zentralkomitees der Partei Lenins und unter dem Genossen Stalin bauen wir in unserem Land den Sozialismus auf. Es lebe der 15. Jahrestag des Oktober.«

Die Zuschauer im Theater sind Rotarmisten, in der ersten Reihe die Repräsentanten der tadschikischen SSR: v.l. Frau Chodscheieff, unbekannt, Staatspräsident Maksum, Gorbunow. Stalinabad, November 1932

Szenenfoto einer Theateraufführung, Stalinabad, November 1932*

Scherenschleifer auf dem Basar, Stalinabad 1932

Mann aus Afghanistan, Zentralasien 1932*

Tadschikischer Bauer mit Transparent zum 15. Jahrestag der Oktoberrevolution in Stalinabad am 7. November 1932.
»... es leben die Baumwoll- und Kolchosbauern ... Gruß den ruhmreichen Helden ...«

# Egon Erwin Kisch
# Zweifarbendruck von Taschkent

(...)
*Graue Farbe:* Im Theater Hamsa sitzen viele Frauen mit dem Tschadschwan, einem Schleier aus Pferdehaaren.
*Rote Farbe:* Sie sehen auf der Bühne Frauen ihres Stammes, die ihre Sprache sprechen, ihre Lieder singen und kein Schutzschild vor dem Antlitz tragen. Und die Verschleierten klatschen den Unverschleierten Beifall.
*Graue Farbe:* Dabei muß man wissen, daß es in Usbekistan noch Gegenden gibt, wo Frauen, die sich ohne Tschadschwan zu zeigen wagen, gesteinigt werden. – Neben einer der verschleierten Theaterbesucherinnen sitzt ihre Tochter.
*Grau-rote Übergangsfarbe:* Wie ihre Mutter ist sie in das Nationalgewand, Parandscha, gehüllt, das vom Kopf bis zu den Knöcheln reicht, aber sie ist nicht verschleiert.
*Rote Farbe:* Und das Mädchen neben ihr – Freundin? Schwester? – hat kurzes Haar, europäische Kleidung. Viele junge Usbekinnen und Tadshikinnen tragen schon die olivengrüne Uniform der Komsomolzen.
*Graue Farbe:* Auf der Hauptstraße der Altstadt schaut eine Gruppe von Frauen durch das Roßhaarschild zu ...
*Rote Farbe:* ... wie ein Auto von einer Frau angekurbelt wird.
Tschadschwan und Autobrille schützen gleichermaßen vor dem argen Staub Taschkents, aber die Autobrille nimmt man ab, wenn man sie nicht braucht.
*Graue Farbe:* Den Tschadschwan nimmt man nicht ab, zeitlebens steckst du hinter einem Gitter, durch das du die Welt schwarz siehst und durch das die Welt dich schwarz sieht, in einer beweglichen Kerkerzelle, die nur dein Gebieter öffnen darf.
*Rote Farbe:* Ein Brückenkopf, tief in das dumpfe Lehmgesiedel der Altstadt vorgeschoben, ein Brückenkopf der neuen Zeit ist der Frauenklub von Taschkent. Wenn man einige Stunden in den Beratungsstellen dieses mächtigen Neubaus zubringt, dann erlebt man schaudernd den wahren Orient.
*Graue Farbe:* Ein Mädchen kommt herein, hebt den Schleier.
»Wie alt bist du?«
»Vierzehn Jahre.«
»Was willst du?«
»Ich – ich habe vor neun Wochen – geheiratet. Und ich – ich möchte – möchte von meinem Mann weg.«
»Wer hat dich verheiratet?«
»Meine Mutter. Sie ist sehr arm, und sie hat für mich ein großes Kalim (Kaufpreis) bekommen.«
»Wieviel hat er bezahlt?«
»Sechzehn Hammel.«
»Wie alt ist er?«
»Das weiß ich nicht. Seine Enkelsöhne sind älter als ich.«
»Er hat also außer dir noch eine Frau?«
»Nein. Er hatte drei Frauen, sie sind alle tot.«
»Was ist er von Beruf?«
»Händler. Er ist Lischenez.« (Einer, dem die Bürgerrechte abgesprochen sind.)
»Warum willst du von ihm fort?«
»Ich bin ein Jahr lang zur Schule gegangen und

möchte weiterlernen oder wenigstens lesen. Das erlaubt er nicht. Ich hatte ein Buch, er hat es verbrannt und mich geschlagen. Ich habe einmal gesagt, daß ich den Schleier ablegen will. Darauf hat er gedroht, er wird mich töten, wenn ich so etwas auch nur sage. Er läßt mich nicht ausgehen. Ich kann aber nicht den ganzen Tag auf der Erde sitzen und mit dem Halsband spielen. Heute bin ich weggelaufen.«

*Rote Farbe:* »Gut. Du kannst vorläufig hierbleiben.«

»Aber ich – ich bekomme ein Kind.«

»Der Arzt wird dich untersuchen, vielleicht kann er dir helfen.«

»Wird meine Mutter die sechzehn Hammel zurückgeben müssen?«

»Nein. Wir werden ein Protokoll aufnehmen und schicken es ans Gericht.«

*Graue Farbe:* Zwei Frauen treten ein, jede mit einem Kind, das kleinere hat Beinchen und Ärmchen verbunden, es ist eben im Ambulatorium unten im Haus behandelt worden. Die beiden entschleiern sich nicht, sprechen durcheinander. Man schickt die eine hinaus. Aus den Worten der Zurückbleibenden geht hervor:

»Wir sind Frauen des gleichen Mannes. Er ist fünfundsiebzig Jahre alt, Lischenez. Ich bin die jüngere, er zieht mich ihr vor und mein Kind dem ihren. Aus Eifersucht hat sie mein Kind an den Backofen gestoßen. Ich habe mich bei unserem Mann beschwert, und er hat sie geschlagen, bis sie zusammenbrach. Acht Tage mußte ich sie pflegen ...

*Rote Farbe:* ... dann haben wir beschlossen, beide von ihm fortzugehen. Aber wir wissen nicht, wovon wir leben werden. Kannst du uns einen Rat geben?«

»Wollt ihr gleich hierbleiben?«

»Nein. Heute gehen wir noch nach Hause.«

»Gut. Wir werden eine Anzeige machen. Für die Kinder muß er auf jeden Fall sorgen.«

»Da wird er doch erfahren, daß wir ihn angezeigt haben!«

»Nein. Ihr müßt nur die Wahrheit sagen, wenn das Gericht euch verhört.«

*Graue Farbe:* In der konservativen frommen Altstadt von Taschkent blühte früher die Prostitution. Auch heute empfinden noch manche Frauen Arbeit beschämender als den mit verhülltem Gesicht ausgeübten Männerfang. Gewöhnlich sind es die älteren Frauen im Harem ihres Gatten, er gibt ihnen und ihren Kindern kein Geld mehr, so daß sie zwischen Nationaltheater und Zirkus auf den Strich gehen, während er im Teehaus sitzt.

*Rote Farbe:* Eine Nachtklinik, drei Prophylaktorien, drei Ambulatorien arbeiten in der Nähe des Basars; die Bordelle sind aufgehoben, an ihrer Statt sind Arbeitsstellen eingerichtet, in denen die Prostituierten bleiben müssen, bis sie lesen, schreiben und eine Arbeit gelernt haben.

*Graue Farbe:* Im ehemaligen Gouvernement Turkestan waren die mohammedanischen Frauen ausnahmslos Analphabeten.

*Rote Farbe:* Noch immer stößt die Durchführung der allgemeinen Schulpflicht für Mädchen auf steile Hindernisse; den Mädchenschulen müssen Lehrerinnen zugewiesen werden, die Knabenschule darf nicht im gleichen Haus sein. Allerdings besuchen Frauen auch schon Mittelschulen – vor dem Krieg gab es hier überhaupt keine den Mohammedanern zugängliche Mittelschule. Im Frauenklub werden Tageskurse und Abendkurse zur Liquidierung des Analphabetentums abgehalten. Die Klubmitglieder, durchwegs usbekische, tadshikische oder kirgisische Frauen, bilden verschiedene Zirkel: Sport, Theater, Musik und Landesverteidigung. Der Zirkel der Gottlosen nennt sich hier »Naturwissenschaftlicher Kurs«, und man lehrt dort Biologie und Völkerkunde, Allah möglichst aus dem Spiel lassend. Eine Filiale der staatlichen Sparkasse amtiert im Klubgebäude, verschleierte Frauen legen erspartes Geld auf ihren Namen ein – ein großer Schritt zur Befreiung aus der Sklaverei. (In Deutschland darf keine verheiratete Frau ohne Zustimmung ihres Mannes ein Bankkonto eröffnen). (...)

Tadschikin auf dem Basar, Stalinabad 1932

Tadschikinnen bei den Feierlichkeiten zum 15. Jahrestag des Oktober, Stalinabad, 7. November 1932*

Verschleierte Usbekinnen verkaufen Tjubetejkas auf dem Basar, Samarkand, Dezember 1932

Lesende Mädchen, Zentralasien 1932

Tadschikin, Chodschent 1932

Chodchi-Abdul-Chalill-Urunow, der Wächter des Grabes vom Mongolenherrscher Timur Lenk (1336 – 1405), Samarkand, Dezember 1932*

# Egon Erwin Kisch
# Rings um das Grab von Tamerlan

»Der Teufel soll euch holen alle zusammen!«
»Wer ist das ‘euch’?«
»Das seid ihr: die Europäer, die uns besuchen.«
»Und warum soll uns der Teufel holen, uns Europäer alle zusammen, die euch besuchen?«
»Warum? Da kommen sie her, die Europäer – Arbeiter, Volkswirtschaftler, Marxisten, Gelehrte, Schriftsteller –, und keiner will sich unsere technischen Anlagen ansehen, unsere Forschungsinstitute, unsere Fabriken, unsere Neubauten, unser Wasserwerk in Rewat-Chodscha, unsere Klubs, unser Haus der Bauern, unsere Mutterschaftsfürsorge oder unsere Kliniken. Alle kommt ihr nach Samarkand, um Romantik anzuglotzen.«
»Genosse Mustapha ... «
»Natürlich. Ich weiß selbst, daß es Neubauten und Schulen überall gibt. Aber aus einer Stadt voll blauer Majolika und goldener Koransprüche eine Stadt mit Hygiene und Industrie zu machen, ohne das Alte zu zerstören, das gibt's nicht überall. Schaut euch einmal die Geschichten aus der tausendundzweiten Nacht an! Das ist keine Nacht des Märchens, das ist eine Nacht der Wirklichkeit.«
»Warum sagst du ‘Nacht’, Genosse Mustapha?«
»Ich weiß nicht... Ich habe das nur so gesagt... weil es schön klingt... man wird ja angesteckt von eurer dummen Romantik. Hier sind die politischen und religiösen Gräber. In Samarkand kann man das asiatische Altertum studieren und das mohammedanische Mittelalter, von Alexander dem Großen bis zum Araberstaat Maweranar, so wie man drüben in Buchara die asiatische Neuzeit kennenlernt, den Despotismus des Emirs, und schließlich die neueste Zeit, denn Buchara war der Ausgangspunkt der mittelasiatischen Revolution.«
»Gut, Genosse Mustapha, wir möchten also das asiatische Altertum sehen und das mohammedanische Mittelalter.«
»Der Teufel soll euch holen, ihr wollt nur ...«
»Ich denke, der Teufel ist abgeschafft, Genosse Mustapha?«
»In Samarkand ist vieles noch nicht abgeschafft, was anderswo abgeschafft ist. Kommt, ich werde es euch zeigen – ihr Europäer, die der abgeschaffte Teufel abschaffen sollte.«

Wir erklimmen die Treppe von Schachi-Sinda, eine Treppe, deren Geländer aus Palästen besteht. Übereinander liegen diese Paläste, marmorbelegt sind sie, mosaikengeschmückt, majolikagekachelt, girlandenumschlungen, säulengestützt, kapitellengekrönt. Der Grundriß ist ein Quadrat, aber die Wände laufen nach oben in ein offenes Achteck zusammen, von dem aus sie in ein Sechzehneck münden. Das trägt die strahlend blaue, goldbetupfte Kuppel, Firmament mit Gestirn.
Bienenwaben, bunte Bienenwaben, abwechselnd rote und blaue und goldene, stumpfen die Ecken ab, so daß man glaubt, in einem Rund zu stehen. An Waben erinnern uns diese Nischen oder an zusammengepickte Bonbons,

woran sie aber gewiß nicht erinnern, sind Stalaktiten: sie heißen Stalaktitenbogen.
Jeder dieser Paläste hat nur einen Bewohner, und dieser Bewohner ist tot. Da liegt Tuglutekim, eine Gattin des Emirs Hussein, da liegt Schirin-Beka-Aka, eine Schwester Tamerlans, und gegenüber eine seiner Frauen namens Turkan-Aka, da liegt ein Heiliger, Prophete rechts, Prophete links.
Und zuoberst der Oberste der Propheten, der Vetter Mohammeds: Kussam ben Abbas. Genaugenommen liegt er gar nicht hier, sein Grab ist das einzige apokryphe Grab der Nekropole. Kussam, wehrhafter Verbreiter des Islams in Mittelasien, war weder vor noch nach seinem Tode (56 n. d. Hedschra) in Samarkand, aber Tatsachen beweisen nichts in Glaubensdingen. Kussams Grab ist Ziel der Wallfahrer. Barfüßig knien sie in der Moschee, die der Seitenraum des Grabgemachs ist, knien nach Südsüdwest gewendet, Mekka zugekehrt, mit gesenktem Haupt, als wollten sie es aus lauter Demut in die Steinfliesen stoßen.
Allzu nahe an das Grab von Mohammeds Cousin heranzukommen verwehrt ein Holzgatter. Eine Mongolenfahne steht im Raum, von einer Stange weht der Schwanz eines Yak, aus Silberblech ist die Kontur einer Hand geschnitten, mystische Symbole. Die Gebetsstube daneben ist Frauen und Ungläubigen unzugänglich. Sie darf nur einmal in zehn Jahren aufgeräumt werden und nur vom Mullah persönlich. Was einer Frau geschähe, die sie zu betreten wagte – solches hat noch kein orientalischer Märchenerzähler auszudenken vermocht. Auch nach dem Tode darf keine Frau in eine Moschee; die Totenpaläste unter uns sind keine Gotteshäuser, selbst die Moschee Bübü-Chanum trägt wohl den Namen von Tamerlans Lieblingsfrau, birgt aber nicht ihren glückspendenden Leib; der ist in einem Mausoleum gegenüber bestattet.
Ans Grab Kussams indes dürfen die Frauen. Sie kommen, um von dem Fluch der Kinderlosigkeit gelöst zu werden. Zu beten ist ihnen, diesen Menschen ohne Seele, selbstverständlich auch hier verboten, doch können sie die kupferne Kugel umfassen, das Widderhorn berühren und einen Faden an die Eichentür knüpfen. Dann gehen sie in das Haus des tempelhütenden Ischan, der bestreicht sie mit heiligen Salben, und nach 277 Tagen schenken sie ihrem Gebieter ein Kind.
Neben dem erklärten Grabgemach des Propheten beten die Männer um Allahs Gunst im Diesseits und im Jenseits. Vierzig Tage lang haben sie gefastet, nur Wasser und Flachbrot zu sich genommen und sich der Frauen und Knaben enthalten. Wie ein geschwellter Teppich sieht in ihren bunten Chalaten diese Schar der Pilgrime aus, die sich in den Staub geworfen.
Wer sind sie? Häuptlinge der Banden oder Mitglieder der Kollektivwirtschaften? Grundbesitzende Beys oder Wortführer der Dorfarmut? Mullahs oder Mitglieder des Atheistenbundes? Beten sie für oder wider …?
Wir möchten ein Photo des Prophetengrabes haben.
Genosse Mustapha Machmudow, Mitglied des Parteisekretariats, zuckt die Achseln: »So weit haben wir es noch nicht gebracht. Da oben restaurieren wir nichts, erforschen nichts und photographieren nichts. Da oben herrscht noch der Glaube, der Aberglaube.«
»?«
»Mit den Mitteln, die der Islam predigt, könnten wir allerdings alles gegen den Islam erzwingen. Aber wozu Gewalt? Man merkt den Übergang vom Islam zum Sozialismus in der Kollektivierung, im Anwachsen der Partei, in den Schulen, sogar Frauen lernen jetzt, die Mutterschutzstellen werden aufgesucht, der Schleier fällt, die Gerichtsfälle haben sich in diesem Jahr um fast vierzig Prozent vermindert.«
»Die Gerichtsfälle? Du glaubst an einen direkten Zusammenhang zwischen Religion und Verbrechen?«
»Direkt oder indirekt. In der 'Iswestija' war neulich eine Statistik, daß in Chikago nach dem Kriege so viele Kirchen eröffnet worden

sind wie in Moskau gesperrt, und Chikago marschiert an der Spitze der Kriminalität, Moskau aber hat nur sehr wenig Eigentumsverbrechen, steht in der Statistik neben Zürich. Schau dich um, Genosse, welche Pietät und welche Frömmigkeit liegt in den Totenbauten hier in Schachi-Sinda. Timur hat sie für seine Frauen und seine Angehörigen errichtet, und drüben das Mauerwerk, das ist Bübü-Chanum, das 'Steinerne Liebeslied'. Ein guter Gatte und Familienvater also, ein gottesfürchtiger Mann, dieser Timur, nicht? Er schlachtete die Bewohner der eroberten Städte zu Tausenden oder begrub sie lebendig. Seine Grausamkeiten waren beispiellos. Und alles geschah nur im Namen Allahs. Den Abgesandten Mekkas setzte er im Mausoleum seines Enkels bei. Später wurde Timur selbst dort begraben, er ruht sozusagen zu heiligen Füßen. Komm, Genosse, du mußt das Grab Timurs sehen!«
»Ist das nicht Romantik, Genosse Mustapha?«
»Der abgeschaffte Teufel hole euch Europäer mit eurer Romantik. Aber das Grab Timurs muß man sehen. Komm, Genosse.«

Unterwegs ...
Nun, der Genosse Mustapha Machmudow hat recht mit seinem Fluch, und wir werden den Registan nicht schildern. Einfach als Axiom sei der Satz hingeschrieben, daß wir in keiner Stadt einen Platz mit so bunten, herrlichen Bauwerken kennen wie den Registan in Samarkand. Basta.
Der Genosse Mustapha, der die Moskauer Akademie der Ostvölker absolviert hat und alle romantischen Betrachter des Orients zum Teufel wünscht, weist stolz auf die Baugerüste hin: »65.000 Rubel kosten uns die Renovierungen in diesem Jahr, mitten im Fünfjahrplan, wo wir jede Kopeke brauchen.«
Der alte Wassilij Lawrentjewitsch Wjatkin, seit langen Zeiten Hüter und Mehrer der Samarkander Heiligtümer, gesellt sich zu uns und spuckt dem Genossen Mustapha in die Suppe seines Stolzes:
»65.000 Rubel sind gar nichts«, eifert er, »schief aufgestellte Minarette aus Timurs Zeiten kann man mit diesem Geld höchstens stützen, aber nicht renovieren. Dazu kommen die Moscheen, der Basar, die beiden Grüfte auf dem Platz. Die Verzierungen kosten am meisten. Sie sind uns gelungen, was? Hojhoh, unmöglich zu unterscheiden, was aus dem 16. Jahrhundert stammt und was wir in diesem Jahr gemacht haben.«
»Wo nehmen Sie die Farben her, Wassilij Lawrentjewitsch?«
»Hojhoh, das sind die alten Farben. Wir haben die Lehmbrüche ausfindig gemacht, woher sich die alten Samarkander damals ihr Baumaterial holten und ihren Ocker. Nur den Kobalt beziehen wir aus dem Kaukasus. Auch die Farbenküchen haben wir ausgegraben mit Öfen und Ziegeln und arbeiten jetzt, hojhoh, mit den alten Werkzeugen.«
»Da haben Sie Glück gehabt, Wassilij Lawrentjewitsch.«
»Hojhoh, das ist noch gar nichts; wir haben sogar Kohle in den Öfen gefunden und konnten nach ihrem Verbrennungsstadium die Temperatur feststellen, die die Alten angewandt haben. Wir mußten nicht einmal experimentieren, hojhoh.«
Unsere Augen trinken, was die Wimper hält, vom Registan, aber wir werden ihn nicht beschreiben, hojhoh, wir gehen zum Grab Tamerlans.

Räumliche Entfernung von Ereignissen wirkt wie zeitliche Entfernung – asiatische Geschichte scheint uns nur Sage zu sein. Und nun finden wir in dieser Kapuzinergruft der Timuriden alles schwarz auf weiß belegt, es erweist sich: dieser Tamerlan hat wirklich gelebt, nicht im undurchdringlich grauen Nebel der Vorzeit, sondern im späten Mittelalter, bis ins 15. Jahrhundert; wir buchstabieren seine Grabtafel, sie könnte gestern gemeißelt worden sein.
Die Grabmoschee Gur Emir hat Tamerlan seinem Enkel Muchammed Sultan erbaut, den er von seiner ganzen Nachkommenschaft am meisten schätzte, wobei freilich zu bedenken

ist, daß die Auswahl nicht sehr groß war, da seine Söhne teils irrsinnig, teils im Kampfe erschlagen wurden. Tamerlan hatte den Enkel, der dem Großpapa durch seine Grausamkeit schon frühzeitig Freude gemacht, zu seinem Stellvertreter und präsumtiven Nachfolger bestimmt. Ach, auch Muchammed Sultan starb ihm auf dem Kriegspfad im Jahre 1403 weg. Damit sich Beter aus dem Volk einstellen, ließ Tamerlan zwei Heilige, deren Gräber Wallfahrtsorte gewesen waren, exhumieren und neben dem Enkel beisetzen; Nur-Addin-Bassur, genannt »der vierzehnte Heilige«, und Scheich-Burchan-Addin sollten dem toten Muchammed Sultan als Schlepper dienen.

Bald nach dem Enkel, am 18. Februar 1405, starb Tamerlan selbst, so wie er gelebt; auf einem Feldzug und im Suff. Obwohl er verfügt hatte, in der Stadt Kesch an der Seite seines Vaters und seiner Söhne begraben zu werden, hielten es die um ihre Macht kämpfenden Nachfolger für politisch klüger, den Leichnam in der Stadt zu lassen, in der sie in seinem Namen regieren wollten. So freigebig im Bau von Mausoleen, wie er gewesen, waren die Erben allerdings nicht, und Tamerlan blieb neben dem Enkel liegen.

Eigentlich hieß er gar nicht Tamerlan, er hieß Timur-i-lenk, »der eiserne Krüppel«. Er hinkte von Jugend auf, sein rechter Arm war gelähmt. Aus dieser Tatsache werden Psychoanalytiker kinderleicht erklären können, warum Timur zwangsläufig die Unterwerfung Asiens bewerkstelligen mußte. Sollten die Freudianer noch erfahren, daß ihm an der linken Hand zwei Finger fehlten, so wird ihnen vollends klarwerden, weshalb er diese Minderwertigkeit nicht anders kompensieren konnte, als indem er die Bewohner widersetzlicher Ortschaften, auch Greise, Frauen und Kinder, blutig auszupeitschen befahl und zehntausend gefangene Soldaten als Baumaterial für Festungszwecke benützte: er ließ sie aneinander und an Pflöcken festbinden und mit Lehm und Mörtel übergießen.

Er war aus armem Hause. Aber anders als Napoleon, der eine ihm überreichte phantasievolle Genealogie mit den Worten ins Feuer warf: »Mein Stammbaum beginnt bei mir«, behauptete Tamerlan, sein Vater hätte auf den Titel eines Emirs Anspruch gehabt. Dieser Wunschtraum ist auf der Grabplatte weitergeführt, Tamerlan stammt hier nicht nur von lauter puren Emiren ab, sondern auch von Dschingis Chan, und schließlich entziffern wir sogar, daß sein Urahn von einem Mädchen unbefleckt geboren wurde: ein durch die Türritze dringender Sonnenstrahl habe Fräulein Alankuw befruchtet.

Tamerlan konnte zeit seines Lebens nicht lesen und schreiben, was ihn nicht hinderte, mehr Kunstgeschmack zu verraten als mancher, der in Potsdam von Hofmeistern unterrichtet wurde. All die Bauten der irdischen und himmlischen Liebe, all die Berufungen von Gottesgelehrten und Künstlern beglückten das grenzenlos ausgepowerte Volk freilich nicht; elende Lehmhütte neben elender Lehmhütte, Schmutz auf Schmutz, Sklaverei über Sklaverei, das war das Samarkand unter den Globen, die so hell und so blau seit des Weltbeherrschers Tagen über schön verzierten Mauern der Moscheen leuchten.

Religion... Zu Füßen des kriegerischen Tamerlan liegt ein anderer seiner Enkel, Ulug-Beg, der ihn vierzig Jahre als Herrscher überlebte, ein gelehrter Mann war und sich ein Observatorium einrichtete, dessen Quadrant vor kurzem ausgegraben wurde. Ulug-Beg korrespondierte mit Galilei und anderen Weisen des Abendlandes. Damit war das Morgenland nicht zufrieden, er wurde mit dem Bannfluch des Ketzers belegt, weil seine astronomischen Forderungen dem Koran widersprachen: Ulug-Beg leugne das Vorhandensein eines Siebenten Himmels! Eine Verschwörung ballte sich zusammen, an deren Spitze sein ältester Sohn Abd-al-Latif stand. Der nahm den Vater gefangen, tat so, als ob er ihn vor das Hohe Gericht nach Mekka schaffen wolle, ließ ihn aber unterwegs ermorden. Einen Monat später baumelte Abd-al-Latifs Haupt auf dem von

Ulug-Beg gegründeten Seminar, sein Neffe Abdullah kam auf den Thron und wurde seinerseits von den Soldaten seines Vetters Abu-Said binnen Jahresfrist erschlagen.
So ging's den Timuriden, wie sollte es da erst ihrem Volk ergehen! Die Herrscher wurden wenigstens schön begraben; angeordnet um den großen Ahnen und um die Heiligen liegen sie friedlich beisammen in porphyrnen und nephritnen Särgen. Man kann zur Krypta hinabsteigen. Senkrecht über jedem Grab steht im Erdgeschoß der entsprechende Sarkophag, und an der Balustrade, die die Grabmäler umgibt, knien Beter.

»Hierher wollte Enver Pascha, hierher wollte Ibrahim Beg ... Vom Grabe des mächtigsten Muselmans, des kriegerischsten Asiaten aus gedachten sie sein Weltreich wieder aufzurichten. Aber jetzt sind alle tamerlanischen und großturkmenischen und panislamitischen Ideen begraben wie Tamerlan selbst. Die Besucher kommen entweder, um zu den Heiligen zu beten, oder sie sind Europäer, die in Romantik schwelgen wollen – der Teufel soll sie holen.«

Kuppel der Moschee Bibi-Chanum, erbaut um 1400 unter Timur Lenk, dem Mongolenherrscher (1336–1405), Samarkand, Dezember 1932

Blick über Buchara vom Minarett der Moschee Kaljan, dem sogenannten Turm des Todes, Buchara, Dezember 1932

Das Minarett der Moschee Kaljan (1127), der sogenannte Turm des Todes, Buchara, Dezember 1932

Blick vom Turm des Todes, Buchara, Dezember 1932*

Usbekischer Lehrer, Usbekische SSR 1932

Innenhof einer Medrese aus dem 14. Jahrhundert, einer islamischen Schule, die als Arbeiter-Club genutzt wird. Buchara, Dezember 1932

Usbekische Kinder, Samarkand 1932

← Jude im Getto von Samarkand, Dezember 1932

Eingangsportal des Palastes Sitora Moch-i-Chossa, den sich der letzte Emir von Buchara 1914 in der Nähe der Stadt errichten ließ, Buchara, Dezember 1932

Ein ‘Arba’, der typische zweirädrige hohe Lastenwagen, Zentralasien 1932*

In der Seidenfabrik, Chodschent, Dezember 1932

Arbeiterinnen der Fabrik für Ätheröle und Chemie, in der auch Parfüm hergestellt wird, Chodschent, Dezember 1932

Orientalisches Teehaus, Samarkand, Dezember 1932

Eingang zu einem Mausoleum der Nekropole Schah-i-Sinda (9. – 16. Jahrhundert), Samarkand, Dezember 1932

Die höfliche Verbeugung, Samarkand, Dezember 1932*

# Egon Erwin Kisch
# Im Zug nach Samarkand

Ja, wenn man wegfährt, nachdem man Taschkent wie seine Tasche kennt, sieht die Stadt anders aus; als man die sanfte Rampe der Luft zu ihr herniederglitt, schien sie, von oben gesehen, eine schön gegliederte Fläche zu sein – jetzt kennen wir sie als eine räumliche Durchdringung von alt und neu, von Grau und Rot, von Orient und Okzident, von Primitivwirtschaft und Sozialismus, von Mohammed und Marx …

Als kaiserliche Generale das Land vor sechzig Jahren eroberten, hatten die Sieger in Taschkent, so wie sie es in Warschau oder in Tiflis getan, zunächst eine mächtige russische Kathedrale erbaut. Hier haben sie auf ihren Giebel, zum höhnischen Zeichen des Triumphes, das Kreuz über den Halbmond gestellt. 1918 war dem Kreuz nur ein Stückchen wegzunehmen, auf daß es ein Hammer werde, und dieses Stück dem Halbmond beizufügen, auf daß er eine Sichel werde; die Sergius-Kathedrale ist jetzt ein Klub.

Vom Palais des Großfürsten Nikolai Konstantinowitsch weisen die Spitzen des roten Sterns in die fünf Weltteile. Nikolai ist in Taschkent begraben, das war er auch schon zu Lebzeiten: verbannt vom Hof des Vetters wegen Diebstahls, er hatte seiner Mutter das Perlenkollier der Romanows entwendet. In Taschkent nannte er sich bescheiden Fürst Iskander, nach Alexander dem Großen. Seine legitime Frau, die Tochter des Stadthauptmanns von Orenburg, mag im Gothaischen Hofkalender als Ihre Kaiserliche Hoheit figurieren, hier sehen wir sie, die Bürgerin Iskander, durch die Straßen des bolschewistischen Taschkent spazieren. Das Schloß, das sie einstmals mit ihrem Gatten, marmornen Hirschen und lebenden Mädchen teilte, ward zum naturwissenschaftlichen Museum, der Park zum Kindergarten, auf der Balustrade turnen Kinder.

Die Zitadelle, ehedem letztes Bollwerk gegen das streitbare Morgenland, hat keine strategische Bedeutung mehr, das Abendland dringt bis an die felsigen Grenzen Indiens vor. Taschkent ist der Sitz des Mittelasiatischen Parteibüros für die Sowjetrepubliken Usbekistan, Turkmenistan und Tadshikistan, die Autonomen Republiken Kirgisistan und Kasachstan und das Autonome Gebiet der Karakalpaken, also für alle Länder, in die das Generalgouvernement Turkestan, das Reich des Emirs von Buchara und das des Chans von Chiwa geteilt worden sind.

Große Umschweife macht die Eisenbahn, bevor sie an ihre Endstation kommt; die Luftlinie Taschkent – Stalinabad ist nur 350 Kilometer lang, der Aeroplan fliegt jedoch nicht über die viertausend Meter hohen Berge, sondern weicht ihnen in einem Bogen von 930 Kilometern aus und die Eisenbahn gar in einem solchen von 1600 Kilometern.

Eine Zeitlang läuft die Taschkenter Oase neben uns her, wirft Jasminduft und der Pappeln Grün als Abschiedsgruß in das Abteil. Dann aber bleibt sie zurück, und alles ist öde. Geflochtene Wände schützen den Schienenstrang vor dem Samum, der häufig über die graue Unendlichkeit der Hungersteppe braust. Jurten schieben sich heran, je näher der Bahnhof, desto dichter stehen sie beisammen, manchmal nur dreißig, vierzig Schritte voneinander entfernt. Weiter draußen brauchten die Nomaden nicht zu befürchten, daß die Hammel des Nachbarn den eigenen die spärlichen Grasbüschel wegschnappen. Aber die Bahn lockt selbst die ewigen Einzelgänger. Hier können sie Schafkäse eintauschen gegen Tee und Tassen. Auch die Neugierde treibt sie, staunend starren sie auf die Leute, die aussteigen, auf die unverständlichen Maschinen in den Waggons. Hinaus zu den Menschen der Steppe drang die neue Zeit noch nicht, so dringen die Menschen der Steppe zur neuen Zeit. In einigen Jahren werden die Abstände zwischen den runden Hütten Straßen sein und die runden Hütten keine runden Hütten mehr, sondern steinerne Häuser.

Je langsamer alles gegangen ist in den letzten zweitausend Jahren, um so schneller muß es in den nächsten zehn Jahren gehen. Als Alexander von Mazedonien auf seinem Bukephalos des Weges ritt, saß der hagere Greis hier und sah, wie heute, seinem Gras rupfenden Grautier zu, die rauhen Scharen Dschingis-Chans überholten die Kamele, die dort drüben gleichmäßig schaukelnd ihre Bahn ziehen. Nur die Bahn, deren Rauchwolken die gleißende Luft zu durchstoßen versuchen, ist neuen Datums. Menschen und Güter rollen von Leningrad in das Land am Pamir, vom Amu-Darja nach Moskau, man kann vom Orient an das nördliche Eismeer fahren, die Turksib ist fertig, die Züge Moskau – Taschkent verkehrten 1927 viermal wöchentlich, jetzt zweimal täglich, die Strecke ist vor zwei Jahren verlängert worden und durchläuft zwei neue Republiken, und schon erweist sich das als viel zuwenig; ein neues Geleise, neue Zweiglinien sind geplant, eine elektrische Bahn nach Stalinabad und über Stalinabad hinaus.

Die neuen Bahnhöfe haben Moscheeform, sie stehen vor der Stadt, und kein Mensch geht durch den Eingang auf den Perron hinaus, kein Mensch benützt den Ausgang, alle gehen um das Stationsgebäude herum. Das ist auch viel interessanter, da hocken Männer mit gebratenen Hühnern, mit Eiern, mit Kwaß. Schwarz ist der Inhalt mancher Körbe, wenn jedoch der Händler mit einem Wedel darüberfährt, so hebt sich die schwarze Decke in die Lüfte, sie bestand aus Fliegen, und sichtbar werden metallisch glänzende Aprikosen, Kirschen, Äpfel und Pfirsiche. Die wären nun für den hygienebeflissenen Europäer ungenießbar; zum Glück sind wir nicht nur im Orient, sondern auch in Rußland, wo auf jedem Bahnhof eine Therme sprudelt, der Kipjatok, das heiße Wasser für den Samowar; damit wäscht man das fliegenbeschissene Obst, wenn man der hygienebeflissene Europäer ist.

Das dem Bahnhof am nächsten gelegene Haus ist fast immer ein Gasthof. Daß die Fenster geöffnet sind, ist selbstverständlich, denn die Glut und der Staub draußen sind kühle Luft gegen die Glut und den Staub drinnen. An allen Wänden teppichbelegte Pritschen, auf denen beturbante Männer und verschleierte Frauen und bemützte Kinder und eingenähte Gepäckstücke herumliegen; die Gespräche, das Essen, der Tee, das ganze sich öffentlich entfaltende private Leben erinnert an das in den russischen Waggons. Hier aber, in der Tee- und Schlafstube, kommt man nicht vorwärts.

Es ahnen die Menschen, die hier biwakieren, nichts von der Existenz eines Fahrplans, nichts vom Fahrkartenvorverkauf, nichts von Anschlüssen, nur Allah weiß, wann das rauchende Eisenpferd nach Buchara gehen wird, im Fatum liegt es beschlossen, an welchem Tag die endlich erlangte Platzkarte Gültigkeit hat. Abwarten und Tee trinken. Züge kommen an, Züge gehen ab, es klingelt und pfeift, das macht die Wartenden nicht nervös. Vor Allah

sind tausend Jahre wie ein Tag, warum sollen sie nicht noch eine Woche harren?
Auf der Plattform unseres Waggons nimmt jedesmal, sobald sich der Zug in Bewegung setzt, ein etwa fünfzehnjähriger Usbekenjunge Platz. Für einen »Besprisorni« sieht er viel zu gut aus, sein Käppi, wie eine Apfelsine auf dem Hinterkopf schwebend, hat offenbar kein Nachtquartier im Asphaltkessel mitgemacht, der Junge trägt Stiefel und Anzug. Er besucht eine Werkschule in Taschkent, und weil diese eben renoviert wird, hat er sich ohne Urlaub und Marschroute aufgemacht, um auf ein paar Tage nach Hause zu fahren. Das erzählt er uns und möchte dafür wissen, ob wir aus Amerika kommen. Nein, wir kommen aus Deutschland. Ei! Er lernt eben Deutsch in der Schule und beeilt sich, uns das zu beweisen.
»Das ist Sstuhl«, sagt er, auf das Trittbrett deutend, das ihm freilich als Stuhl dient. Wir verhehlen nicht unsere Bewunderung. Er will uns noch mehr imponieren, langsam und deutlich rezitiert er das nachstehende deutsche Poem:

»Wenn dich die Westerzunge sticht,
So laß dir das zum Trochte sagen,
Die schlechtesten Frukten sind es nicht,
An denen die Läsper nagen.«

Überrascht und erfreut bieten wir ihm eine Zigarette an. Er lehnt ab, er sei Nichtraucher, und wir erinnern uns wieder an die blinden Passagiere, die uns vor fünf Jahren begleiteten, als wir über den Kaukasus an die Grenzen Sowjetasiens fuhren. Auf allen Trittbrettern hockten sie, unter und über den Waggons ritten und hingen sie und bettelten um Zigaretten und Wodka. Zehntausende von schmutzigen, zerlumpten Besprisornis sahen wir damals auf den Straßen und in den Dörfern und vor den Jugendgerichten Rußlands; auf sechzig Seiten des Buches »Zaren, Popen, Bolschewiken« mußten wir uns beschäftigen mit diesem Heer von kleinen Dieben, Luetikern und Säufern, gegen das man damals kämpfte. Nun ist nichts mehr von dieser Armee vorhanden, nur in der Antisowjethetze wird sie noch verwendet, obwohl gerade die Sowjetunion dieses Zarenerbe liquidiert hat.
Mit noch zwei Passagieren werden wir bekannt. Der eine ist Einkäufer für den Ledertrust, der andere soll auf der Hochebene des Pamir und des Altaigebirges die Erzeugung und den Vertrieb von Schafkäse organisieren.
»Was Sie dort unten sehen werden«, brummt der Häuteeinkäufer, »ist das Ergebnis eines ultrarechten Opportunismus. Wenn Sie schon hinfahren, so sollten Sie das festnageln, unsereinem glaubt man ja nichts, aber wenn es ein Ausländer sagt, wird es vielleicht eine Wirkung haben.«
»Wo werden wir das sehen?«
Überall werden wir das sehen, beteuert der Häuteeinkäufer. »Diese Usbeken und Tadshiken wissen von Karl Marx nicht mehr, als daß nach ihm Straßen benannt sind, und von Lenin kennen sie nur die Denkmäler. Und solche Leute läßt man schalten und walten! Es kamen Briefe an unseren Trust, unterschrieben vom Vorsitzenden und vom Sekretär des Bezirkssowjets, die haben so geschlossen: 'Allah segne die Genossen Marx, Engels, Lenin und Stalin, und er verleihe ihnen Kraft zur glorreichen Führung unserer heißgeliebten kommunistischen Partei, wofür wir uns täglich zum Gebet vereinigen.' In anderen Briefen ...« Der Mitpassagier unterbricht ihn, gerade diese Naivität bewiese die gute Gesinnung der Briefeschreiber.
»So? In manchen Bezirken haben sich die Geistlichen und die Kulaken des Sowjetapparats bemächtigt, zum Teil sind sie auch in die Partei eingetreten, und üben nun ihren Terror und ihre Korruption im Namen der Sowjets aus, verlangen Einschreibgebühren auf dem Standesamt und Steuern und stecken das Geld natürlich in die eigene Tasche. Befürchten sie Vermögenskontrolle, dann lassen sie ihre Ehen pro forma scheiden und überschreiben ihren Grundbesitz auf ihre Frauen und Kinder, um der Aufteilung zu entgehen. Sie verkaufen ihre Parzellen und ihre Herden zum Schein an die armen Bauern. Manchmal treiben sie ihre

Herden in die Berge oder verkaufen sie gar nach Afghanistan hinüber, wenn eine Inspektion droht.«

»Warum lassen sich die Kleinbauern das gefallen?«

»Die können ja nicht lesen, und die Schädlinge reden ihnen ein, das Volkskommissariat habe so entschieden, der Erlaß laute so und so. Einen Landarbeiter, der ihnen unbequem war, strichen die Kulaken einfach von der Kandidatenliste. Sie erklärten, er dürfe nicht wiedergewählt werden, weil er während der NEP Mitglied des Ortssowjets gewesen war, also in einer Periode, deren Prinzipien der jetzigen Politik widersprechen; er müsse froh sein, nicht zur Rechenschaft gezogen zu werden. So weit geht die Agitation der Kulaken, daß Studenten der Kommunistischen Universität in Taschkent vor vier Jahren gegen die Aufteilung der Güter Stellung genommen haben, mit der Begründung, die mittelasiatischen Großgrundbesitzer seien nicht so unbarmherzig wie die Großgrundbesitzer in anderen Ländern und man brauche sie daher nicht zu 'bestrafen'.«

»Erfährt das keine vorgesetzte Behörde?«

»Wenn man oben merkt, daß Kulaken leitende Stellungen erschlichen haben, so werden sie natürlich abgesetzt. Wissen Sie, was nach so einem Fall geschehen ist? Die Kulaken haben acht Hammeln ihrer Herde Namen gegeben und sie dem Bezirkssowjet als die neugewählten Mitglieder gemeldet. Im Namen von zwei dieser Hammel korrespondierten sie dann mit den höheren Instanzen! Erkundigen sie sich, wie Bauernkorrespondenten ermordet worden sind, weil sie den Zeitungen von derartigen Umtrieben Mitteilung gemacht haben, wieviel Konsumgenossenschaften und Lager der Kolchose angezündet worden sind, wieviel Frauen erschlagen, weil sie ohne Schleier gingen.«

Der Schafkäseorganisator widerspricht dem Häuteeinkäufer, ohne die Richtigkeit mancher Tatsachen zu bestreiten.

Aber alle diese Fälle seien Ausnahmeerscheinungen gewesen, Anfangsschwierigkeiten gäbe es überall, die Verhältnisse bessern sich von Tag zu Tag, die Kollektivierung mache große Fortschritte, die Leute lernen lesen und schreiben, Marx und Lenin werden nun übersetzt, in den kleinsten Dörfern werden Zeitungen gelesen, in vielen Bezirken gäbe es überhaupt keine verschleierten Frauen mehr.

Damit ist der linke Mann nicht zufrieden. Man habe nicht soviel Zeit. Diese ehemaligen Kolonien hätte man mit doppelter Strenge als Kolonien behandeln sollen, bevor man ihnen die Freiheit gab. Man hätte alle Moscheen und alle Koranschulen sperren müssen, alle Beys, alle Mullahs, alle Beamten verhaften und verschikken, das Tragen des Schleiers einfach verbieten und jede Übertretung erbarmungslos bestrafen, allen Grund und Boden sofort verteilen, den Baumwollanbau dekretieren, jede Korruption mit Erschießen sühnen sollen und die Kinder, auch die Mädchen, mit Gendarmen in die Schule treiben. Dann hätte man nach zehn Jahren ein modernes Land gehabt und dem Volk sagen können: So, jetzt macht, was ihr wollt.

Der Käseorganisator wirft ein, inzwischen würden alle Leute nach Afghanistan, nach China oder nach Indien auswandern.

»Mögen sie, mögen sie! Sie würden schon wiederkommen, wenn sie hören, daß alles gut geworden ist, viel besser als es war. Es sind ja Zehntausende von Tadshiken nach Afghanistan ausgewandert und sind wieder zurückgekehrt.«

»Aha! Sie sind zurückgekehrt; auch ohne Anwendung solcher Gewaltmaßnahmen bei der Kultivierung. Wenn man es aber so gemacht hätte, wie Sie vorschlagen, dann wären alle Bassmatschen (Banditen) geworden.«

»Haben vor ein paar Jahren nicht ohnehin Zehntausende zu den Bassmatschen gehört?«

»Sehen Sie, und jetzt gibt es fast gar keine Bassmatschen mehr.«

»Es gibt noch Bassmatschen. Vor allem ist Ibrahim Beg selbst noch da. Sehen Sie da links die Berge? Wie wollen Sie Banden bekämpfen, die

sich dort verstecken?«
Wir schauen aus dem Fenster des Abteils auf das Turkestanische Gebirge, um unser Urteil darüber abzugeben, ob man Banden bekämpfen könne, die sich dort verstecken. Die Berge sind fern, es gibt zackige und flachgewölbte, graue und solche mit ewigem Schnee; sicherlich ist es schwer, hinaufzufliehen, und sicherlich noch viel schwererer, dort oben jemanden zu verfolgen.
Eigentlich wollten wir bloß prüfend hinaufsehen, aber wir schauen sehnsüchtig hinauf. Oben muß es schön kühl sein, und hier rinnt uns rußiger, sandiger Schweiß von der Stirne heiß.
Hinter der Station Dshisak spreizt sich vor uns ein gigantischer Felsen, versperrt das Tal. Wir erwarten einen Tunnel, der Zug rollt jedoch in die steinerne Wand ein und aus der steinernen Wand heraus. Es bedurfte keiner Ingenieure und keines Sprengstoffs, um diesen Weg zu bahnen; wie die eingehauene arabische Inschrift besagt, hat sich dieser Felsen Dshumalitin von selbst ehrerbietig geöffnet, als Tamerlan mit seinen Heerscharen nach Europa zog. Nach zwölf Stunden wieder eine Oase, die Oase des Flusses Serawschan. Den Namen der Stadt, der wir uns nähern, kennen wir aus unserer Kinderzeit, es ist ein klingendes Wort, wie schwarze und weiße Perlen reihen sich seine Vokale und Konsonanten abwechselnd aneinander.
Aber indes wir unsere Sachen zusammenpacken, denken wir merkwürdigerweise nicht an das Märchen, uns geht das deutsche Gedicht des Usbekenknaben im Kopf herum. Aussteigend sehen wir einen Platz mit hochgezimmerter Rednertribüne, in einem Blumenbeet steht eine Pyramide aus Steinen mit der Büste Lenins.
Wir stellen uns in die Reihe der auf die Autobusse wartenden Menschen und fahren, während uns die stechende Westerzunge und die schlechtesten Frukten nicht aus dem Sinn kommen, nach Samarkand, der Stadt mit dem Zaubernamen.

Kasak-Kirgise, Zentralasien 1932

Kasak-Kirgisin, Zentralasien 1932*

Usbeke vor dem Schaukasten eines Fotografen, Taschkent, Dezember 1932

Liposchken- (Fladenbrot) Verkäuferin auf dem Basar,
Zentralasien 1932

Arbeiter in einer Seidenfabrik, Chodschent, Dezember 1932

Arbeiterin in der Seidenfabrik, Chodschent, Dezember 1932

Tadschikischer Bäcker, Tadschikische SSR 1932

Usbekische Händler auf dem Basar, Zentralasien 1932* →

Süßigkeitenhändler auf dem Basar, Stalinabad, November 1932

Tadschikischer Bauer, Zentralasien 1932*

Händler auf dem Basar, Zentralasien 1932

Karawanenführer, Zentralasien 1932

← Wasserverkäufer auf dem Basar, Zentral-Asien 1932*

Westliche Sowjetunion
und Zentralasien um 1930
Die Ziffern kennzeichnen die
zentralasiatischen Sowjetrepubliken:
I. Tadschikische SSR
II. Usbekische SSR
III. Kasachische SSR
IV. Turkmenische SSR
Zeichnung: Thomas Luckhardt
Ostsee
Est.
Lett.
Lit.
LENINGRAD
ARCHANGELSK
Dwina
WARSCHAU
Polen
MOSKAU
GORKI
MITSCHURINSK
Russische Sozialistische Föderative Sowjetrepublik
KASAN
Kama
Ob
Irtysch
Dnjepr
CHARKOW
Zentralasiatische
Eisenbahn
ODESSA
DNJEPROSTROI
Wolga
MAGNITOGORSK
OMSK
Don
ORENBURG
Ural
Schwarzes
Meer
ASTRACHAN
IV.
Sary-Su
Türkei
TIFLIS
Kaspisches Meer
Aral-
See
Balchasch-See
KSYL-ORDA
Tschu
Turksib
BAKU
KRASNOWODSK
ALMA ATA
Syrien
CHIWA
Kirgisien
III.
TASCHKENT
BUCHARA
CHODSCHENT
ASCHABAD
SAMARKAND
I.
BAGDAD
TEHERAN
II.
STALINABAD
Wachsch
Pik Kommunismus
Tigris
Iran
Amu-darja
KURGAN
TJUBE
China
Irak
Euphrat
ISFAHAN
BASRA
Indus
Afghanistan
Britisch Indien
Arabien
Persischer Golf
1:25 000 000
0
250
500
Kilometer

# Biographie Lotte Jacobi

1896 Am 17. August wird Johanna Alexandra (gen. Lotte) Jacobi in Thorn/Westpreußen geboren, als erstes Kind des jüdischen Fotografen Sigismund Jacobi, der seinen Beruf in der dritten Generation ausübt, und seiner Frau Maria, geb. Lublinski. Ihre Geschwister sind Ruth (1899) und Alexander (1902).

1898 Umzug der Familie nach Posen, wo der Vater ein Fotostudio eröffnet.

1902–12 Besuch der Königin-Luise-Schule in Posen.

1908–09 Erste Fotos – Landschaftsaufnahmen mit einer selbstgebauten Lochkamera; zum Geburtstag bekommt sie eine 9 x 12 Ernemann.

1914–16 Studium der Kunstgeschichte und Literatur an der Akademie in Posen.

1916 Heirat mit dem Holzhändler Fritz Honig.

1917 Geburt des Sohnes Jochen, der sich seit der Emigration in die USA John F. Hunter nennt.

1920 Lotte Jacobi zieht mit ihrem Sohn und ihrem Mann nach Berlin.

1921 Sigismund Jacobi geht, nachdem Posen polnisch geworden ist, auch nach Berlin und richtet in der Joachimstaler Straße 5 ein Fotoatelier ein. Lotte Jacobi trennt sich von ihrem Mann und arbeitet im Atelier ihres Vaters.

1925–27 Besuch der 'Bayerischen Staatslehranstalt für Lichtbildwesen' zur Ausbildung als Fotografin. Im ersten Jahr studiert sie Fototechnik und -praxis u. a. bei Hanna Seewald, im zweiten nimmt sie die Gelegenheit zur Ausbildung in der Filmklasse wahr und belegt gleichzeitig an der Münchner Universität Vorlesungen zur Kunstgeschichte und Literatur. Freundschaft mit dem Maler Josef Scharl, durch den sie die Münchner Bohème kennenlernt.

1927–35 Lotte Jacobi kehrt nach Berlin zurück und arbeitet selbständig im väterlichen Atelier. In den folgenden Jahren entstehen ihre berühmten Porträts der Künstler/innen, Schriftsteller/innen, Schauspieler/innen, Tänzer/innen, Politiker/innen, Wissenschaftler/innen. Ihre Fotografien werden in den verschiedensten Berliner Illustrierten und Zeitschriften veröffentlicht: Berliner Illustrierte, Funkwoche, Uhu, Die Dame, Der Querschnitt, Das Theater, Die Schaffende Frau, A-I-Z. Freundschaft mit Egon Erwin Kisch, Adolf Wohlbrück, Max Hoelz.

1930–31 Lotte Jacobi arbeitet für die russische Fotoagentur 'Press Clichee Moskau' mit Generalvertretung in der Alten Jacobstraße im Berliner Zeitungsviertel. Zunehmendes Eintreten für eine Linke Politik.

1932–33 Anfang des Jahres erhält Lotte Jacobi den Auftag zu einer Porträtserie von Ernst Thälmann anläßlich seiner Kandidatur für die KPD für die Reichspräsidentenwahl. Mit diesen Porträts gelingt es ihr, sich eine Reise in die Sowjetunion zu verschaffen, die vom August 1932 bis zum Februar 1933 dauert. Nach einem zweimonatigen Aufenthalt in Moskau reist sie neun Wochen durch die zentralasiatischen Republiken, die usbekische SSR und die tadschikische SSR: Stalinabad (Duschanbe) – Buchara – Samarkand – Chodschent (Leninabad) – Taschkent.

1933 – 35 Das jüdische Atelier Jacobi fällt unter das Arbeitsverbot. Mehrere Kooperationsversuche zum Erhalt des Ateliers (Folkwang Archiv – Bender und Jacobi – Behm's Bilderdienst) scheitern. Nach dem Tod des Vaters emigriert die Familie in die USA.

1935 Nach einer Zwischenstation in London erreicht Lotte Jacobi im September New York und eröffnet bereits einen Monat später zusammen mit ihrer Schwester Ruth Jacobi-Roth ein Fotostudio. Im Dezember veröffentlicht die 'New York Herald Tribune' eine Doppelseite mit Porträts aus ihrer Berliner Zeit.

1936 Einrichtung eines eigenen Studios am Central Park. Der Neubeginn stellt sich – trotz vieler Kunden aus Emigrantenkreisen – als überaus schwierig heraus.

1938 Auftragsporträt Albert Einstein für das Magazin 'Life', das als zu unkonventionell abgelehnt wird. Diese Aufnahme, Einstein in der Lederjacke, wird eine ihrer bekanntesten überhaupt, 1942 zu sehen im Museum of Modern Art, New York, in der Ausstellung »20th Century Portraits«.

1940 Lotte Jacobi heiratet den jüdischen Berliner Verleger Erich Reiss.

1946 Unter Anleitung des Malers Leo Katz Beschäftigung mit kameraloser Fotografie; es entstehen ihre ersten 'Photogenics'.

1951 Tod ihres Mannes Erich Reiss. Das Museum of Modern Art zeigt eine Auswahl ihrer 'Photogenics' in einer Gruppenausstellung.

1952 Lotte Jacobi organisiert in ihren Atelierräumen verschiedene Ausstellungen für Künstler/innen (u. a. F.G. Kuttner, Louise Nevelson, Rudi Lesser, Josef Scharl).

1952 – 53 Im 'Atelier 17', einer Druckwerkstatt für Künstler, nimmt Lotte Jacobi an workshops teil.

1955 Lotte Jacobi zieht sich aus New York zurück und geht aufs Land nach Deering, New Hampshire, wo sie zusammen mit ihrem Sohn John und ihrer Schwiegertochter Beatrice Trum Hunter lebt. Sie engagiert sich in der Lokalpolitik, vor allem in Umweltfragen. Teilnahme an der Ausstellung »Subjektive Fotografie 2« in Saarbrücken.

1959 Eine umfassende Retrospektive in der Currier Gallery of Art in Manchester, New Hampshire, die anschließend noch in mehreren amerikanischen Städten gezeigt wird. Neben Porträts tauchen in ihren Fotografien zunehmend Motive aus der Natur auf.

1961 – 62 Lotte Jacobi geht als Gasthörerin an die Universität von New Hampshire in Durham und belegt die Fächer: Graphik, Kunstgeschichte, Französisch, Gartenbau und 'Television'.

1962 – 63 Im September fährt sie zum ersten Mal seit ihrer Emigration – für sieben Monate – nach Europa; sie besucht Thorn und Breslau, Berlin, München, Wien und reist durch ganz Italien bis Sizilien. In Paris arbeitet sie im dortigen 'Atelier 17' bei Stanley W. Hayther.
Lotte Jacobi bezieht in Deering ihr eigenes Haus, in dem sie sich wieder ein Studio einrichtet, das gleichzeitig zum Ausstellungsort für Fotografen/innen und bildende Künstler/innen wird (Francis Flaherty, Minor White, Albert Renger-Patzsch, Leo Katz, Gustav Wolf u. a.).

| | |
|---|---|
| 1964 | Retrospektive in der New Yorker Galerie 303 |
| 1969 | Lotte Jacobi kommt zur Eröffnung der Ausstellung »Der Erich Reiss Verlag« im Klingspor Museum nach Offenbach. |
| 1970 | Teilnahme an der Ausstellung »Fotografinnen« im Museum Folkwang in Essen. |
| 1970–71 | Auf Anregung und unter Mitwirkung von Lotte Jacobi entsteht im Museum in Manchester, N.H., in der Currier Gallery of Art eine Fotografische Abteilung; sie selbst ist von 1972 – 79 Ehrenkuratorin. |
| 1972 | Erste Einzelausstellung in Deutschland in der Staatlichen Lichtbildstelle für Photographie in Hamburg. |
| 1973 | Otto Steinert veranstaltet die große Retrospektive »Menschen von gestern und heute« im Museum Folkwang in Essen, die 1974 auch im Münchner Stadtmuseum zu sehen ist. |
| 1974 | Verleihung des »Honorary Doctor of Fine Arts Degree« der Universität New Hampshire; weitere Ehrendoktortitel erhält sie in den 70er und 80er Jahren. |
| 1976 | Lotte Jacobi trifft Jimmy Carter als Delegierte der Demokratischen Partei von Deering, N.H. in Bedford, New Hampshire. |
| 1977 | Zusammen mit ehemaligen Studenten der Universität New Hampshire macht sie eine Reise nach Peru. |
| 1978 | »Lotte Jacobi: A Film Portrait« für die Universität von New Hampshire von Gary Samson, dem jetzigen Direktor des Lotte Jacobi Archivs in Durham, N.H.; Kelly Wise und James A. Fasanelli geben die erste Monographie »Lotte Jacobi« in den USA heraus. |
| 1983 | Lotte Jacobi nimmt in Berlin zusammen mit Tim N. Gidal den von der Deutschen Gesellschaft für Photographie verliehenen 'Erich Salomon-Preis' entgegen. |
| 1985 | Tod ihres Sohnes John F. Hunter. |
| 1987 | Vertreten in den Ausstellungen: »Deutsche Lichtbildner« im Museum Ludwig in Köln und »Nine Masters« im Photographic Resource Center in Boston, Mass. |

Lotte Jacobi lebt heute in Concord, New Hampshire.

# Anmerkungen zu den Texten von Egon Erwin Kisch

## *Im Zug nach Samarkand*

*Kaiserliche Generale:* die Generale des Zaren, die 1867 in Taschkent einmarschierten und das Turkmenen-Gebiet, Garant für Baumwolle, dem Zarenreich als Kolonie einverleibten.
*Gothaischer Hofkalender:* das von 1764 bis 1943 erscheinende Taschenbuch mit der Familienkunde der zum 'Hof' gehörenden Personen.
*Jurten:* Rundzelte der Nomaden, die aus filzgedecktem Holzwerk oder auch Ziegenhaardecken bestehen.
*Turksib:* die im April 1930 fertig gewordene Eisenbahnverbindungsstrecke zwischen der Transsibirischen und der Transkaukasischen Eisenbahn.
*Luetiker:* syphilitischer Mensch.
*Bey:* türkischer Titel für Offiziere und Beamte (Herr).
*Mullahs:* Mohammedanische Geistliche.

## *Rings um das Grab von Tamerlan*

*n.d. Hedschra:* Mit der Hedschra (der 'Auswanderung' Mohammeds aus seiner Geburtsstadt Mekka nach Jathrib, dem späteren Medina, am 15./16. 7. 622) beginnt die islamische Zeitrechnung.
*Yak:* Tibetanischer Grunzochse.
*Rubel:* Russische Währung, 1 Rubel war 1931 ungefähr 2,15 RM.
*Kapuzinergruft:* Begräbnisstätte der Habsburger in der Wiener Kapuzinerkirche.
*Ulug-Beg korrespondierte mit Galilei:* Hier liegt offensichtlich eine Verwechslung vor, denn Ulug-Beg starb 1449, und Galilei wurde 1564 geboren.

## *Eine Hauptstadt entsteht: Stalinabad*

*Werst:* Früheres russ. Längenmaß, 1 Werst gleich 1,067 km.
*Mangiten:* Türkische Dynastie in Buchara, herrschte seit Ende des 18. Jahrhunderts.
*Giaur:* (türk.) Schimpfname für einen Ungläubigen, einen Nicht-Mohammedaner.
*Stalinabad:* Seit 1961, im Zuge der Entstalinisierung, heißt es wieder Djuschambe (Duschanbe).
*Kurland:* Lettische Landschaft zwischen der Ostsee und Düna, bekannt nach dem Volksstamm der Kuren.
*Chaus:* Wasserbecken, die in den quadratischen oder rechteckigen Innenhöfen ausgelegt sind.

# Nadja

## Briefe aus Rußland

»Und jetzt will ich Dir erzählen, wie ich – zusammen mit Dir! – zu Raissa gefahren bin. Sie hat mich auf ihre Datscha nach Nowo-Jerusalim eingeladen, und eigentlich hatte ich gar keine Zeit, aber Raissa hat mir nach der Abreise von David einen so ausführlichen und lieben Brief mit der genauen Beschreibung des Weges geschickt, daß mir dieser Ausflug plötzlich sehr verlockend erschien, und ich habe alles einfach liegen und stehenlassen und bin losgefahren. Allerdings war da noch ein Gedanke, wie ein Splitter unter der Haut: in Nowo-Jerusalim lebten irgendwann in den fünfziger Jahren meine Eltern bei Freunden, jungen Malern. Und so fuhr ich los, mitten in der Woche, die Schnellbahn war fast leer, draußen verschwanden allmählich die steinernen Stadtriesen, nur noch Hütten, Felder und Wiesen. Ich ging und holte ab und zu Raissas Wegbeschreibung aus der Tasche. Ein Pfad, ein Dorf, ein kleines Flüßchen, eine Brücke, ein Maisfeld, wieder ein Flüßchen, und vorn ein hoher Hügel. Bis zu diesem Augenblick war alles ganz verwunschen: nur Himmel und Erde. Ich ging durch ein Maisfeld und rief Dich an: Natascha! Wo bist Du? Was machst Du jetzt? Wärst Du hier! Ich zog meine Schuhe aus und ging durch die kleine, reißende, eiskalte Istra, mit den Zähnen klappernd, aber lachend vor Freude. Am Ufer – Gras bis zum Bauch, fliegende Löwenzahnpusteln in der Luft... Ich kam an den Hügel und zuckte zusammen: das war der Weg, den ich vor zwanzig Jahren zum Haus meiner Eltern hinaufgestiegen bin. Und wenn ich wieder wegging, stand mein Vater oben und blickte mir nach, lange, lange, und ich winkte mit dem Taschentuch, damit er mich besser sah. Für einen Augenblick sah ich ihn plötzlich ganz deutlich vor mir, doch dann verwischten die Tränen das Bild, alles verschwamm und verschwand. Ich setzte mich ins Gras und erinnerte mich. Ich erinnerte mich der Toten, die uns die Kraft geben, die Lebenden zu lieben. Ich erinnerte mich nicht nur an das Schöne, sondern auch an das Schwere. Einmal hatte ich mit meinem Vater hier im Gras gesessen, und er hat mir, seiner schon erwachsenen Tochter, gesagt, wie tief unglücklich er war. Wir umarmten uns und weinten.«

Übersetzt, herausgegeben und eingeleitet von Natascha Wodin
224 Seiten · gebunden · mit zahlreichen Fotografien · DM 28,–

# STATIONEN DER FOTOGRAFIE

1 Timm Starl
Ein Blick auf die Straße
Die fotografische Sicht auf ein städtisches Motiv

2 Herbert Molderings
Fotografie in der Weimarer Republik

3 Thilo Koenig
»Subjektive Fotografie« in den fünfziger Jahren

4 Enno Kaufhold
Heinrich Kühn und die Kunstfotografie um 1900

5 Manfred und Silke Schmalriede
Das fotografische Porträt

6 Rolf Sachsse
Architekturfotografie des 19. Jahrhunderts

Jeder Band umfaßt 32 Seiten und enthält etwa dreißig Fotografien, der Ladenpreis beträgt jeweils DM 9. Die Reihe wird fortgesetzt.

Gerne informieren wir Sie über diese wie auch die anderen im Verlag erschienenen Titel, zum Beispiel unsere Reihen *Das Foto-Taschenbuch*, die *Edition Photothek* oder die *großformatigen Fotobände*. Und daß es nicht nur um Fotografie im *Verlag Dirk Nishen* geht, werden Sie bei dieser Gelegenheit ebenfalls erfahren können. Über Ihr Interesse freuen wir uns. Bitte schreiben Sie eine Postkarte an:

Verlag Dirk Nishen
Am Tempelhofer Berg 6 · D-1000 Berlin 61 · 030 / 693 40 64